# PATENTANDO INVENTOS EN EE.UU.

## LO QUE TODO INVENTOR DEBE SABER

**FRANKLYN IRIZARRY**

PRIMERA EDICIÓN
2015

La información presentada en este libro tiene como propósito informar, orientar y educar. Hemos tomado medidas para proveer una información confiable y actualizada al momento de su publicación. A pesar de esto, no nos responsabilizamos por errores u omisiones involuntarias o por las decisiones que puedan tomar los lectores.

El campo de la propiedad intelectual pertenece al del derecho. Está estrictamente regulado por leyes a tales efectos. Las inferencias a las leyes que aparecen se limitan a lo que dice la ley sin incurrir en interpretaciones. Bajo ninguna circunstancia debe utilizarse este libro como una fuente de asesoramiento jurídico en materia de patentes o la propiedad intelectual. El autor no es abogado. Para una opinión jurídica competente y apropiada, recomendamos se consulte a un abogado certificado por la Oficina de Patentes y Marcas de Estados Unidos.

Las compañías, productos y/o marcas de fábrica mencionadas, pertenecen a sus respectivos dueños. Las menciones se hacen para propósitos de ilustración solamente. No deben interpretarse como de endoso o promoción de parte del autor o la editorial. Tampoco constituye intención alguna de infringir los derechos que legítimamente les corresponden a sus titulares.

*Patentando inventos en EE.UU.; Lo que todo inventor debe saber*

Primera edición, octubre 2015

Franklyn Irizarry
PO Box 6482
Mayagüez, Puerto Rico
Franklyn.Irizarry@upr.edu

Revisado por María del Carmen Pérez
Diseño de portada por CreateSpace Cover Creator

ISBN-13: 978-1518628238
ISBN-10: 1518628230

Printed by CreateSpace, An Amazon.com Company

Impreso en Estados Unidos de América

A mis padres, Don Miguel A. Irizarry, autodidacta por excelencia, quien me inculcó desde pequeño el amor por la lectura y la curiosidad intelectual; y Doña Sylvia González, viuda de Irizarry, noble ejemplo de amor y dedicación incondicional.

# TABLA DE CONTENIDO

# PRÓLOGO

EN LOS AÑOS QUE LLEVO impartiendo información sobre la propiedad intelectual, particularmente en el área de las patentes de invenciones, me he percatado del profundo desconocimiento que existe en nuestra sociedad sobre estos temas. Incluyo aquí desde los más doctos hasta los más humildes. A falta de información correcta, el vacío es llenado con mitos, falacias y leyendas, todas muy espectaculares, pero que nada tienen que ver con la realidad.

Este libro viene a llenar esa necesidad de información hasta ahora no disponible en el idioma español. Va dirigido a una audiencia internacional de hispanohablantes que les gusta explorar, experimentar, inventar e indagar, pero que usando su intelecto como fuente de inspiración, propone soluciones a los problemas básicos de nuestro entorno, a través de sus inventos. Se trata del inventor independiente o aquellos que aspiran a serlo y que en ocasiones poseen poca escolaridad, pero que cuentan con una mente privilegiada sin igual.

El libro está escrito en un lenguaje sencillo. He obviado las palabras rebuscadas y los términos esotéricos, altamente técnicos, que a fin de cuentas tienden a confundir. Los libros técnicos escritos por y para expertos en la materia abundan en el mercado. Ya era hora que alguien se encargara de presentar un libro introductorio especializado en conocimientos y consideraciones básicas en el área de las patentes de invenciones.

Como todo proyecto, este es uno que ha tenido sus altas y sus bajas. Si no hubiese sido por la perseverancia ejercida ante tantos escollos que han minado el camino, nunca hubiese visto la luz. Es pues, contra viento y marea que se ha logrado. De más está decir, que me embarga una profunda satisfacción por la labor realizada y por ver plasmado el sueño de toda una vida.

Finalmente, mi agradecimiento a la comunidad académica, estudiantes y facultativos, de la Universidad de Puerto Rico en Mayagüez. De igual manera, agradezco a los miles de inventores de Puerto Rico, Estados Unidos y las Américas, que me han permitido ayudarles a realizar sus sueños más anhelados. Ellos fueron la inspiración para escribir el libro.

Franklyn Irizarry
Mayagüez, Puerto Rico
Octubre 2015

# Introducción al Libro

EN EL MUNDO DE HOY, donde la tecnología y los productos nuevos permean nuestro ambiente, la propiedad intelectual juega un papel preponderante en la vida cotidiana de los seres humanos, impactando todos los aspectos de nuestra civilización moderna. Las patentes de invenciones es uno de los tipos de propiedad intelectual más conocidos, después de los derechos de autor, pero también, uno de los menos entendidos.

Si lo relacionado a las patentes de invenciones le intriga, aquí encontrará información relevante para orientarse, educarse y familiarizarse con el tema. Y, tal vez, pueda aprovecharse de los posibles beneficios que pueden significar para usted. Si tiene buenas ideas o conceptualizado algún invento, le motivamos a desarrollarlos para que eventualmente pueda realizar el sueño de patentarlo. Una vez lograda la patente, las potencialidades que le pudiera brindar la misma son ilimitadas.

## Sobre el libro

Una ojeada a la literatura de las patentes nos da una idea de lo abundante que es, particularmente en el idioma inglés. Sin embargo, la gran mayoría de esa literatura es altamente especializada, muy técnica y escrita para los conocedores de la materia. Posiblemente, este libro es una de las pocas excepciones. En primer lugar, porque está escrito en español. En segundo lugar, porque está escrito en un lenguaje ameno y fácil de entender para la gran mayoría de las personas que no necesariamente están familiarizadas con el tema.

Aunque los temas tratados aquí pudieran ser altamente técnicos, toda la información ha sido simplificada para que el lector no se sienta intimidado y pueda adquirir los conocimientos básicos que busca o interesa. Lo altamente técnico ha sido excluido deliberadamente por no ser un libro para expertos. Los lectores con un alto grado de peritaje en la materia deben consultar otros libros disponibles en ese nivel.

La gran mayoría de nuestros lectores son inventores independientes, principiantes y/o potenciales, que buscan orientación básica sobre patentes. Aquí pueden encontrar mucha de la información que buscan, así como también, recibirán contestación a muchas de sus dudas y preguntas sobre las patentes y el proceso de patentar en Estados Unidos.

Nuestro objetivo más sincero es que una vez los lectores hayan leído el libro se encuentren más instruidos en la temática, y entonces, se sientan listos para consultar libros más avanzados o bien para consolidar sus aspiraciones de ser un inventor en propiedad, titular de una patente.

## Organización del libro

El libro está organizado de forma lógica y secuencial que el autor considera se deben presentar los temas tratados y donde se hace fácil el acceso a la información deseada.

El capítulo I presenta una breve pero excelente introducción a la propiedad intelectual. Conocimientos básicos y necesarios para entender mejor la temática de las patentes de invenciones en toda su extensión y contexto.

En el capítulo II entramos de lleno a explorar el campo de las patentes de invenciones y el proceso de patentar en Estados Unidos.

En el capítulo III le enseñamos al lector a como leer un documento de patente y extraer la información deseada de forma eficiente y expedita. Esto, como preludio al capítulo que sigue.

El capítulo IV está dedicado a la búsqueda e investigación de patentes. Procedimiento indispensable que todo inventor debe conocer y realizar antes de embarcarse en el proyecto de patentar su invento. El lector es llevado de la mano, paso por paso, con ejemplos concretos hasta llegar al objetivo trazado.

El capítulo V cubre un área de especial interés para la comunidad de inventores y aquellos que aspiran a serlo. Se trata de la protección internacional de patentes. Tema que a todos nos gusta pero que conocemos nada o muy poco. Este capítulo le dice cómo hacerlo.

Y por último, en la sección de Apéndices, se presenta información valiosa de referencia inmediata que no fue apropiada incluir en el cuerpo del libro. Allí el lector encontrará preguntas y respuestas que más frecuentemente hacen los inventores, recursos de ayuda para inventores independientes, bases de datos de patentes en línea, enlace para buscar abogados y agentes de patentes certificados por la USPTO, búsqueda de patentes en venta o para alquiler y terminamos con los enlaces para explorar financiamiento para su invención o negocio.

Solo me resta agradecerle, amigo lector, el haber obtenido una copia del libro. Espero que lo disfrute, pero sobre todo, que aprenda algo sobre la temática que cubre. También, es mi ferviente deseo que el mismo le inspire a pensar, a formular, a elaborar y a desarrollar sus ideas, hasta concretarlas en un maravilloso invento patentado que sirva para mejorar la calidad de vida de nuestros semejantes, en cualquier parte del mundo.

# Términos y/o Siglas Utilizadas

*Agencia*— Dependiendo del contexto en que se use, puede inferir Oficina de Patentes y Marcas u Oficina de Derechos de Autor de Estados Unidos.

*AIA*—American Invent Act of 2011 (Ley Estados Unidos Inventa del 2011). También conocida como la Reforma a la Ley de Patentes de Estados Unidos.

*Gobierno estatal*—Es el gobierno de los estados que componen Estados Unidos. Aquí se incluyen, además, aquellas jurisdicciones territoriales de Estados Unidos, como el Distrito Federal de Washington (Washington, D.C.), Puerto Rico, las Islas Vírgenes Estadounidenses y los territorios estadounidenses del Pacífico.

*Gobierno federal*—Es el gobierno central de Estados Unidos. Incluye la rama ejecutiva (la presidencia), la rama legislativa (el Congreso) y la rama judicial (la judicatura).

*Oficina*—Dependiendo del contexto en que se use, puede inferir Oficina de Patentes y Marcas u Oficina de Derechos de Autor de Estados Unidos.

*Oficina de Patentes*—Otro término para referirnos a la Oficina de Patentes y Marcas de Estados Unidos.

*PTO* — (Patent and Trademark Office). Sigla para referirnos a la Oficina de Patentes y Marcas de Estados Unidos.

*Reforma* — Término para referirnos a la Reforma a la Ley de Patentes de Estados Unidos del 2011, conocida en inglés como el "American Invent Act of 2011" (Ley Estados Unidos Inventa del 2011).

*USPTO* — (United States Patent and Trademark Office). Es la sigla oficial de la Oficina de Patentes y Marcas de Estados Unidos. Será la que más usaremos a través de todo el libro.

# Capítulo I

# Introducción a la Propiedad Intelectual

"Para fomentar el progreso de la ciencia y las artes útiles, asegurando a los autores e inventores, por tiempo limitado, el derecho exclusivo sobre sus respectivos escritos y descubrimientos." (Traducción del autor del Artículo I, Sección 8, Cláusula 8 de la Constitución de Estados Unidos de América, 1787.)

CON ESTA CLÁUSULA, FIRMEMENTE plasmada en la constitución de Estados Unidos, los padres de la recién creada nación reconocieron desde un principio la importancia de proveer protecciones especiales a la producción intelectual de sus habitantes. Vislumbraron esta actividad como indispensable para potenciar el progreso y desarrollo del nuevo país. No se equivocaron. Así, Estados Unidos comienza a labrar su futuro hasta llegar a ser la nación más poderosa del mundo que conocemos hoy en día. Creo que nadie hubiese podido predecir en el 1787, lo poderosa que resultaría ser la inserción de esa cláusula en la Constitución. La primera vez en la historia que una constitución incluye protecciones para sus autores e inventores. Más adelante, el Congreso utilizaría este mandato constitucional en la promulgación de leyes para incentivar y recompensar económicamente la creatividad humana en toda su extensión. Es el comienzo de lo que luego se conocerá como la propiedad intelectual.

En este capítulo presentamos una concisa introducción a la propiedad intelectual. Tener este conocimiento es fundamental antes de pasar propiamente a la discusión amplia sobre el tema de las patentes de invenciones, que es el motivo del libro. Las patentes de invenciones es uno de los tipos de propiedad intelectual.

Comenzamos el capítulo definiendo el término propiedad intelectual y comparamos el término con las diferentes clasificaciones que existen entre Estados Unidos y otros países; discutiremos la importancia de la propiedad intelectual; mencionaremos el principio de exclusividad inherente en la ley y que tanta confusión crea; hablaremos de las condiciones básicas que deben existir; las limitaciones geográficas; las de tiempo y vigencia; y terminamos, describiendo los diferentes tipos de propiedad intelectual, sus peculiaridades y particularidades.

## Definición de la propiedad intelectual

Hace apenas unos 20 años el término propiedad intelectual era totalmente desconocido. Solo unas pocas personas lo conocían. Mayormente, se circunscribía a la profesión de los abogados. En términos generales, podemos decir que nadie escribía sobre el tema por lo que no aparecían artículos en los periódicos ni en las revistas de circulación general o especializada, ni libros sobre el asunto. Sin embargo, hoy en día la cosa ha cambiado dramáticamente. Casi todo el mundo conoce algo sobre el tema y existe una abundante literatura en los diferentes medios de comunicación. Es un tema muy común. Cada día que pasa, se torna más popular y relevante para la mayoría de las personas. Cada día que pasa, las repercusiones generadas por actividades relacionadas a la propiedad intelectual son más impactantes en nuestra sociedad, en nuestros países y alrededor del mundo.

# CAPITULO I: PROPIEDAD INTELECTUAL

Aunque universalmente todavía no hay mucho consenso en la definición del término propiedad intelectual, podemos decir con cierto grado de certeza que se refiere a la posesión de bienes intangibles que emanan del intelecto humano como las ideas, los pensamientos y los conceptos. El intelecto es lo que separa al ser humano de otras especies. Nos permite pensar y ser creativos. Es a través de la inspiración que nos provee nuestra creatividad que podemos concebir música, esculturas, pinturas y arte; así como nuevas invenciones y descubrimientos. En muchos círculos, cada día se depende más de las creaciones del intelecto y se valorizan hasta más que la misma propiedad real.

Entre los atributos de propiedad intelectual, podemos mencionar dos elementos fundamentales: el elemento de propiedad y el objeto que está relacionado con el elemento de propiedad. El elemento de propiedad se refiere a algo con características únicas que le pertenece a una persona. Ese algo tiene dueño y ese dueño tiene ciertos derechos. Pues, todo propietario tiene derechos de propiedad sobre sus posesiones. Por otro lado, el objeto de propiedad, en este caso, se refiere a algo que es del intelecto humano. Se trata de cosas intangibles no reales ni físicas, que le pertenecen a su creador, a su dueño.

La diferencia básica entre propiedad real y la intelectual es que en esta última instancia, el objeto de propiedad no es físico, sino abstracto. Consiguientemente, podemos poseer un objeto abstracto que solo existe en la mente humana sin que por ello se posea una manifestación física del mismo. Por ejemplo, un computador que es vendido a un consumidor resulta en una propiedad que es pasada al comprador, pero no así la idea del computador. La idea de ese computador será siempre propiedad del que lo creó en su mente. El consumidor será el custodio de la manifestación física de la idea del computador, pero no el propietario de la idea que dio origen al computador.

En Estados Unidos, la propiedad intelectual se subdivide en cuatro manifestaciones físicas bien definidas. Cada una de ellas cubriendo diferentes aspectos tangibles de "propiedad:" (1) las patentes de invenciones, (2) las marcas de fábrica, (3) los derechos de autor, y (4) los secretos comerciales.

En el resto del mundo, la propiedad intelectual es subdividida en dos grandes manifestaciones y no en cuatro como ocurre en Estados Unidos. Estas son: propiedad industrial y derechos de autor. Dentro de la propiedad industrial se incluyen las patentes, las marcas de fábrica y los secretos comerciales. En este libro utilizaremos la terminología, el enfoque y la práctica que se utiliza en Estados Unidos.

## El derecho de exclusividad en la propiedad intelectual

El dueño o titular de una propiedad intelectual tiene ciertos derechos. Esos derechos son conferidos por el estado basado en leyes que se han promulgado para esos propósitos. Pero para que el dueño pueda ejercer esos derechos, el objeto de propiedad deberá transformarse de lo abstracto a lo tangible. Esto es, deberá pasar de la idea a lo real, a lo físico, porque de quedarse en el abstracto no podrá disfrutar esos derechos. Los derechos se establecen para cosas del mundo real. Por eso no puede haber leyes que reglamenten las ideas o los pensamientos en las mentes de los seres humanos.

Una vez se produce la manifestación física de la idea, en el medio tangible que sea, el estado entonces le confiere al dueño derechos de propiedad y de exclusividad sobre el objeto físico para que realice ciertas actividades sin la interferencia de otras personas o entidades. El derecho de exclusividad que se otorga es para prohibir que otras personas usurpen el objeto de propiedad de una persona, mediante actividades como la reproducción, venta y uso, sin el aval del titular. El propósito ulterior es permitirle al titular beneficiarse económicamente del objeto físico de su propiedad intelectual. Así como el que con sus manos labra y siembra la tierra recibe el fruto de su cosecha, así mismo, el que con su mente labra ideas y pensamientos, debe también recibir la cosecha de los frutos de sus creaciones intelectuales.

## Infracción al derecho de exclusividad

En los casos en los que se compruebe que una persona haya violado el derecho de exclusividad de un titular, éste tiene la prerrogativa de llevar los infractores a los tribunales de justicia para hacer valer sus derechos. Es en los tribunales donde el titular ejerce su derecho y obtiene los remedios que le confiere la ley. Ni el gobierno ni sus agencias lo hará por usted. Es su responsabilidad, al igual que su derecho, tomar acción para proteger su propiedad en todo momento. Si el titular decide no tomar acción contra los transgresores, nada pasará.

Para mejor ilustrar este punto, supongamos que una persona invade la casa o el terreno de otra persona, sin su consentimiento. Sin dudas, se trata de un acto de crasa transgresión a los derechos de titular de la propiedad. Para hacer valer sus derechos, el titular deberá llevar al transgresor a los tribunales. De no hacerlo, el transgresor se habrá salido con la suya y el propietario, en efecto, estaría claudicando a sus derechos.

## Limitaciones de tiempo y vigencia de la propiedad intelectual

Otra condición básica del derecho que ofrece la propiedad intelectual es que tiene límite de tiempo y vigencia. Pero todo depende de la manifestación física o del tipo de propiedad intelectual en cuestión. Por ejemplo, la vigencia del derecho de exclusividad está circunscrita a solo 20 años cuando se trata de patentes, y hasta 70 años luego de la muerte del titular, en el caso de los derechos de autor. En otras situaciones, la vigencia pudiera ser por periodos, como en el caso de las marcas registradas, condicionado a que los cargos de mantenimiento se cumplan a tiempo cuando vence el periodo de su vigencia. Por último, el límite de vigencia de los secretos comerciales pudiera ser indefinido, dependiendo de las medidas de seguridad que haya tomado el titular para salvaguardar su secreto. Pero una vez el secreto deja de ser secreto, por las razones que sean, su vigencia caduca inmediatamente.

## Limitaciones geográficas

El derecho de exclusividad que provee la propiedad intelectual, en todas sus manifestaciones, no es universal. Está regulado por leyes a tales efectos y no habiendo tal cosa como leyes universales, jurídicamente hablando, tampoco pueden aplicarse universalmente. Las protecciones que brinda el derecho de exclusividad son limitadas al país en el que se solicitan. Esto quiere decir que no existen derechos de exclusividad, al igual que de titularidad, de carácter internacional. Solo son válidos dentro de las fronteras de los respectivos países. Si se desea protección en otras naciones, hay que solicitarlo en cada una de ellas por separado.

## Importancia de la propiedad intelectual

Una vez definido el término propiedad intelectual, ahora dirigimos nuestros esfuerzos para discutir la importancia que tiene este tipo de propiedad en nuestra sociedad, en nuestros países.

Según mencionáramos previamente, una de las garantías de protección y de exclusividad que le confieren las leyes de propiedad intelectual al titular, es para que éste explote para su beneficio económico, el producto de su intelecto. En la medida en que el titular pueda lucrarse de su propiedad intelectual, al mismo tiempo estaría generando desarrollo económico para su país. Ese desarrollo económico estaría basado en el ofrecimiento y disponibilidad de nuevos y mejores productos y tecnologías para los consumidores. Lo que a su vez, provocaría el establecimiento de nuevos negocios, industrias, comercios y mercados para suplir la demanda. Como resultado, se fomentaría la creación de nuevos empleos, riquezas, prosperidad y una mejor calidad de vida para los ciudadanos del país.

Como prueba fehaciente de lo importante que es la propiedad intelectual en el desarrollo económico y en las economías de las naciones, basta con citar las siguientes estadísticas. En el 2015, la Cámara de Comercio de EE.UU. publicó en su portal cibernético, que el valor de la actividad económica en EE.UU., como resultado directo de la propiedad intelectual, alcanzaba la cifra de USD$5.8 trillones, excediendo por mucho el producto interno bruto (PIB) de cualquier otro país en el mundo. Las industrias dedicadas a la propiedad intelectual contabilizaron, en conjunto, más del 38% del PIB estadounidense, más del 74% de las exportaciones (un trillón de dólares), y contribuyeron a más del 40% al desarrollo económico y la creación de empleos en Estados Unidos (U.S. Chamber of Commerce's Global Intellectual Property Center).

Otro estudio, pero esta vez, de la Oficina Europea de Patentes, reveló que el 35% de todos los empleos (77 millones), el 39% del PIB y el 40% de la actividad económica (€4.7 trillones) de la Unión Europea, fueron producidos directamente por industrias dedicadas a la propiedad intelectual (*Intellectual property rights intensive industries, 2013*).

Tal es el impacto de la propiedad intelectual en la economía de Europa y en la de Estados Unidos. Sin dudas, los estados que quieran mejorar sus situaciones económicas, y la de sus residentes, no deben pasar por desapercibidas estas estadísticas. Los países más avanzados del planeta han alcanzado el sitial de prosperidad del que gozan, gracias al respaldo que le han dado a las empresas relacionadas con la propiedad intelectual.

En adición a la importancia que tiene la propiedad intelectual en términos de fomentar la economía y el desarrollo económico de un país, también constituye un activo de altísimo valor para las entidades comerciales. La cotización de muchas empresas resta fundamentalmente en la cartera de propiedad intelectual que tienen en su poder.

Casi todos los días aparecen en los medios noticiosos, reportajes sobre los miles de millones de dólares que tal o cual compañía ha invertido, o se propone invertir, en la compra de propiedad intelectual de otras compañías para aumentar su portafolio. Los nombres que sobresalen son los de Apple, Google, IBM, Microsoft, Sony, Samsung, LG, Dell, Lenovo y muchas otras, todas muy conocidas mundialmente. Mientras más titularidad de este activo se posee, mayor será la valorización de estas compañías en el mercado.

Es así como en el 2014, Apple se convierte en la compañía más cotizada del mundo, cuando su valor ascendió a USD\$118,863 millones, seguido de Google, cuya cotización alcanzó los USD\$107,439 millones, seguido de IBM, valorada en USD\$72,244 millones, seguido de Microsoft, valorada en USD\$61,154 millones, seguido de Samsung, valorada en USD\$45,462 millones (Fuente: Interbrand, 2014, www.bestglobalbrands.com/2014/ranking). Este ranking no solo representa las primeras cinco compañías más valoradas del planeta, sino que también, representan las de mayor competitividad, distinción, prestigio, reputación, influencia y solidez económica.

## Tipos de propiedad intelectual

Pasemos ahora a describir los diferentes tipos de propiedad intelectual que existen. Como hemos mencionado, este campo se subdivide en cuatro vertientes importantes, cada una de ellas atendiendo diferentes aspectos de la propiedad intelectual, cada una proveyendo derechos y protecciones particulares a sus titulares, cada una regida por requisitos y criterios específicos con los que hay que cumplir. Todas, debidamente reguladas por las leyes que el Congreso de Estados Unidos ha promulgado a través de los años. Nuevamente, los cuatro tipos son: (1) patentes de invenciones, (2) marcas de fábrica, (3) derechos de autor, y (3) secretos comerciales. Comenzamos con la descripción de la primera: las patentes de invenciones.

## Patentes de invenciones

Una patente es un derecho que le otorga el estado a una persona por haber inventado un producto que es útil para la sociedad. El derecho es para excluir a otras personas de manufacturar, mercadear, vender, usar o lucrase de su producto, sin su autorización. El derecho que se otorga no es un permiso o licencia de uso, sino el de exclusividad sobre una invención. Es decir, se le protege al inventor el derecho para impedir que otras personas o entidades manufacturen, mercadeen, usen o vendan su invento en el mercado por un periodo de tiempo determinado. Cuando vence el periodo de tiempo, el inventor pierde los derechos de exclusividad que le había otorgado la ley y esa patente entonces se convierte en una de dominio público. Una vez la patente pasa al dominio público, el invento puede ser manufacturado y vendido en el mercado, por cualquier persona o entidad, sin incurrir en violación de los derechos que una vez tuvo el titular de la patente.

Las patentes, a su vez, se subdividen en tres tipos, modelos o categorías, cubriendo diferentes aspectos de las invenciones: (1) patentes de utilidad, (2) patentes de diseño y (3) patentes de plantas.

### Patentes de utilidad

Las patentes de utilidad se caracterizan por ser objetos, cosas, métodos, procedimientos, compuestos, utensilios, aparatos, herramientas, equipos, instrumentos, enseres o máquinas, que son nuevas y útiles. Esto es, que hacen algo y lo hacen bien; que llevan a cabo una función o procesos internos; que son funcionales. Es lo que gran parte de las personas lo relacionan con una invención. Por ejemplo, los teléfonos móviles, los televisores, las computadoras, las aspiradoras, los hornos microondas, las estufas, las licuadoras, los radios, entre otros.

Las patentes de utilidad se desglosan en tres tipos o categorías, a saber: (1) las que son de naturaleza química, (2) las de naturaleza mecánica, y (3) las eléctricas. En las de naturaleza química se ubican, por ejemplo, las patentes de fármacos, los compuestos o mezclas químicas, como los productos de belleza, los desodorantes, jabones, champús, colorantes para el cabello, y muchos otros. Las patentes de tipo mecánico se refieren a máquinas o aparatos que normalmente utilizamos en el diario vivir en nuestras casas, lugares de trabajo o sitios de entretenimiento como una cafetera, el ponchador de las horas trabajadas, los abre latas, los brazos mecánicos de los peajes de las autopistas, y así por el estilo.

Por último, las patentes de naturaleza eléctrica, además de incluir a todo lo que es eléctrico, también incluye las cosas electrónicas. Ejemplos de éstos son los móviles, las computadoras, las calculadoras, las impresoras, los televisores de alta definición, los tocadores de discos de videos Blu-Ray, los medidores de temperatura electrónicos, y objetos similares.

**Patentes de diseño**

Contrario a la patente de utilidad, donde la protección que se obtiene es para los aspectos del funcionamiento interno de un invento, en las patentes de diseño, la protección es para los aspectos externos del invento. Se refiere por lo tanto, a su apariencia, su textura, sus líneas o su forma. En este caso, el derecho de exclusividad es para las líneas, los contornos, los colores, la forma, la textura, el tipo de material utilizado, su estética u ornamentación, tanto para la totalidad de la invención, como para las partes de la misma.

Ahora bien, el objeto del diseño tiene que ser algo útil y funcional. No puede ser una mera expresión artística, porque en ese caso no cualificaría para patente de diseño. Cualificaría más propiamente, para protección bajo la ley de los derechos de autor, como veremos más adelante.

### Patentes de plantas

Las patentes de plantas se conceden para cualquier variedad de planta nueva y distintiva que es reproducida asexualmente. El proceso de reproducción de la planta no puede ser por medios naturales como la polinización, como tampoco puede ser por medio de la germinación de semillas. La reproducción asexual implica que de una planta se puedan reproducir copias genéticamente idénticas indefinidamente, ya sea por la manipulación o la ingeniería genética (clonación) o por medio de injertos, retoños, recortes u otras tecnologías aplicadas mecánica o manualmente.

De esta manera podemos, por ejemplo, obtener protección para una nueva variedad de plantas ornamentales con o sin flores, al igual que una variedad nueva de plantas frutales o de cualquier otra índole, siempre y cuando sean reproducidas asexualmente.

Así terminamos la sección de patentes para dar paso al segundo tipo de propiedad intelectual. Hemos presentado esta sección de patentes de manera sucinta y delineada en términos muy generales dado el hecho que este es precisamente el motivo del libro. En los capítulos restantes estaremos profundizando y escudriñando más a fondo todos los aspectos y dimensiones de las patentes. El objetivo principal en esta sección ha sido ponerla en el contexto de su ubicación dentro del campo de la propiedad intelectual.

A continuación, presentamos el segundo tipo de propiedad intelectual: las marcas de fábrica. Aquí nos extenderemos un poco más.

## Marcas de fábrica

En esta sección presentamos una introducción a las marcas de fábricas. También conocidas como marcas comerciales o de comercio. Utilizaremos estos términos indistintamente. Discutiremos su importancia, lo que son, los derechos y protecciones que ofrecen, las diferentes clases que existen, los símbolos que se usan para representarlas, para qué sirven, su vigencia, las marcas de cobertura federal versus las de cobertura estatal, y terminamos la sección, comparándolas con los otros tipos de propiedad intelectual.

## Entidad que regula las marcas

La Oficina de Patentes y Marcas de Estados Unidos (USPTO) es la agencia federal encargada de administrar e implementar las leyes y los reglamentos de patentes y marcas de la nación. Su misión es evaluar y procesar solicitudes de patentes y marcas, y de estas cumplir con la reglamentación vigente, conceder la certificación correspondiente. Mantiene un registro electrónico de más de ocho millones de patentes, y otro de marcas registradas, de más de tres millones.

## Definición de marcas

Las marcas son signos distintivos y exclusivos de un producto o servicio en el comercio. Surgen de la necesidad que tienen los empresarios, comerciantes, industriales y otras personas, de identificar y distinguir sus productos, servicios, negocios e industrias, de los otros en sus respectivos mercados. ¿Cuáles son esos signos distintivos y exclusivos de las marcas? Lo distintivo de una marca es transmitido a la sociedad por medio de un nombre, una palabra, un signo, un símbolo, un emblema, un logotipo, un lema, frase o slogan, un empaque, la forma del producto, los colores que se utilizan, un sonido peculiar e inclusive, un olor. Estos signos son los que componen una marca y pueden utilizarse individualmente o en combinación.

Al reclamante o titular de una marca, el estado le provee derechos de exclusividad sobre la marca que usa para identificar sus productos y servicios. Dicho de otra manera, lo que el estado en realidad hace es garantizarle al titular un monopolio sobre su marca y de paso lo premia con los beneficios económicos que éste pueda obtener de su marca en el mercado. Como condición para ejercer ese derecho, la marca debe haber estado en uso continuo. Una marca en desuso, es una marca que no es válida y por lo tanto, no habrá de gozar las protecciones que ofrece la ley.

### Marcas de fábrica vs. Nombres de fábrica

En esta coyuntura es bueno hacer una distinción entre las *marcas* de fábrica y los *nombres* de fábrica. Se trata de una relación bien estrecha y la una casi siempre va ligada a la otra. En algunos casos se usan indistintamente. Mientras las marcas de fábrica se refieren a una palabra, emblema o símbolo que identifica los productos y/o servicios de una compañía, los nombres de fábrica son la palabra o las palabras que identifican a la compañía en sí. Es una distinción importante en términos de la manera en que identificamos a los negocios de sus productos y/o servicios.

Tomemos, por ejemplo, la compañía de hamburguesas estadounidense McDonald's® que hace negocios en muchos países del mundo. El nombre de fábrica del negocio es McDonald's® y el símbolo de los arcos dorados representa la marca de fábrica que identifica los productos que vende esa compañía. Entre los productos mundialmente famosos que ofrece, y estoy seguro muchos lectores reconocen, se encuentran las marcas de fábrica BigMac, los Chicken McNuggets, los Egg McMuffin y los McChicken. En otros casos, no hay diferencia entre la marca de fábrica y el nombre de fábrica como, por ejemplo, Coca-Cola®, que representa tanto la marca de la gaseosa como el nombre de la compañía que la produce.

### Importancia de las marcas

Las marcas permean nuestro ambiente; están por todas partes. Querámoslo o no, forman parte integral de nuestras vidas, desde que nacemos hasta el día que nos sorprende la muerte. Desde que nos levantamos por la mañana, durante todo el día, hasta que nos retiramos a dormir por la noche. Aún mientras dormimos, no podemos desprendernos de ellas. Tampoco podemos evadirlas. Constituyen una fuente importante de información sobre los bienes y servicios que existen en el mercado. Conociéndolos, no solo los podemos identificar y saber qué cosa son y para qué sirven, sino también, podemos asegurarnos de su calidad, así como de sus cualidades y los atributos que tienen. Nos sirven para decidir qué bienes o servicios comprar, utilizar, y cuáles rechazar o evadir.

Por eso, en el transcurso de nuestras vidas compramos la marca de cepillo y pasta dental que usamos; lo mismo ocurre con las gaseosas y los jugos que injerimos; el perfume, la colonia y el desodorante que nos ponemos. Y, así sucesivamente, podemos seguir con los zapatos, las camisas, los pantalones, los calcetines, la ropa interior, el reloj, el automóvil, la billetera, los restaurantes, la mayonesa, el aceite de oliva, el colchón y la ropa de cama. En fin, se trata de una lista interminable de productos y servicios que usamos. Los usamos porque los conocemos, estamos familiarizados con ellos, los distinguimos de otros y porque los preferimos, precisamente, por las marcas que tienen o por las compañías que los fabrican o nos proveen los servicios.

Algunas veces no estamos ni tan conscientes de la información que recibimos. Sin embargo, la estamos recibiendo y nuestro cerebro la ha estado procesando. Utilizando nuevamente el ejemplo de McDonald's, cuando vemos los arcos dorados, de inmediato reconocemos el nombre del negocio, la industria a la que pertenece y los productos que ofrece. Ese es el poder que tienen las marcas. Nos transmiten tanta información sin mucha explicación.

Otro aspecto importante de las marcas es el efecto fisiológico que en ocasiones produce en los seres humanos. Tan pronto percibimos los arcos dorados, podemos hasta sentir urgencia de comer, si por ejemplo, estamos cercanos a la hora del desayuno, el almuerzo o la cena. De alguna manera, las enzimas gástricas se activan.

Igualmente, el efecto directo en nuestros sentidos. Algunas personas podrían llegar hasta el punto de alucinamiento, ubicándose imaginariamente dentro del restaurante, comiendo una de esas hamburguesas con papas fritas y una gaseosa, también identificada con alguna marca de fábrica como lo podría ser Coca-Cola® o Pepsi-Cola®. Tal es el efecto que producen las marcas. Una vez estamos amarrados a tal o cual marca, prácticamente seremos fiel a ella, posiblemente, por el resto de nuestras vidas.

## Limitaciones geográficas

Las marcas son solo válidas dentro de las fronteras de los países que las emiten o el lugar donde se usan en el mercado. Esta diferencia se debe a que, como veremos más adelante, algunas marcas son autorizadas por el estado, mientras otras, se pueden utilizar libremente sin permiso de las autoridades. De todos modos, no hay tal cosa como marcas de carácter internacional.

**Clases de marcas**

Las marcas pueden clasificarse en varios grupos, demasiados para cubrirlos todos aquí. Es por eso que solo nos ocuparemos de presentar las marcas más utilizadas en el mercado y con las que, posiblemente, el lector está más familiarizadas. Estas son: marcas registradas, marcas de bienes y marcas de servicio. Seguramente el lector además ha notado, que muchas de estas marcas tienen símbolos o siglas adjuntas al final, como por ejemplo: ®, **TM, SM**. Más adelante, discutiremos esas siglas tan importantes en el comercio de bienes y servicios, pero antes, comencemos por las marcas registradas.

**Marcas Registradas** ("Registered Trademark")

Las marcas registradas solo pueden utilizarse en el comercio si han sido debidamente concedidas y autorizadas por el estado. En nuestro caso, la agencia gubernamental que las concede es la USPTO. Esto implica que hay que presentar una solicitud formal. La misma es evaluada, estudiada y analizada a la luz de los criterios de ley que debe satisfacer. De cumplir con todos los requisitos establecidos, la agencia procede a emitir la certificación correspondiente y esa marca es automáticamente añadida al registro nacional de marcas.

Las marcas registradas pueden representar tanto servicios como bienes en el mercado. La protección de exclusividad que les brinda a sus titulares se extiende a toda la jurisdicción estadounidense, incluyendo sus territorios. Pero no es válida en otras partes del mundo. Tiene una vigencia de 10 años, con derecho a renovación. Entre los beneficios que esta clase de marca ofrece, se encuentra el que los titulares pueden utilizar el símbolo de una "R" dentro de un círculo (®), adjuntada a su marca. Este símbolo significa que se trata de una marca debidamente otorgada por el gobierno federal. Por ley, ninguna persona o entidad puede usar este símbolo a menos que el mismo haya sido autorizado por la USPTO.

En estos momentos, el lector seguramente se estará preguntado, ¿cómo podemos obtener una marca registrada? En primer lugar, es imperativo realizar una investigación de marcas en la base de datos de la USPTO. Esto, para determinar si la marca que queremos registrar ya ha sido registrada o está en proceso de registro.

Figura 1-1: Ejemplo de marca registrada. Nótese la ubicación del símbolo ®,

En segundo lugar, si de la investigación se desprende que la marca no existe en los archivos de la USPTO, entonces tenemos buenas posibilidades de que la marca pueda ser registrable. En este caso, deberá contratar los servicios de un abogado de marcas certificado por la USPTO para que realice las gestiones de la solicitud por usted.

En tercer lugar, deberá pagar los cargos que conlleva la solicitud. El abogado se encarga de esto y luego le factura. En cuarto lugar, una vez la USPTO recibe la solicitud, la evalúa a la luz de los requisitos de ley aplicables. Y, en quinto lugar, basándose en el resultado de la evaluación, la agencia decide si otorgar o no el uso de la marca.

De otorgarse el uso de la marca, ésta se denominará como "marca registrada." El titular de la marca así concedida está legalmente autorizado a utilizar el símbolo ® dónde corresponde, o si no gusta de utilizar ese símbolo, en su lugar, puede usar las palabras "marca registrada" en español o "Registered Trademark" en inglés.

Por otro lado, el hecho de haber solicitado una marca registrada, no necesariamente implica que la USPTO la tenga que conceder. El registro no es automático; esto es, usted la solicita e inmediatamente se le otorga. No funciona así. Anualmente, una gran cantidad de solicitudes de marcas son denegadas por una variedad de razones.

La ley de marcas regula estrictamente lo que se puede utilizar como marca registrada. Los requisitos de ley son los que utiliza la

USPTO para denegar u otorgar la marca. Por ejemplo, las marcas no pueden tener connotaciones sexuales, obscenas, despectivas, ofensivas o engañosas. Tampoco pueden denotar prejuicios raciales, nacionales o étnicos. Deben ser originales y no haber estado activas en uso público o comercial por otras personas o entidades.

Pero la razón más común para denegar el registro de una marca, es la "probabilidad de confusión" entre la marca de un solicitante y una marca ya registrada o una solicitud de marca en trámite. La USPTO podría determinar que la probabilidad de confusión existe cuando, (1) ya hay marcas en el comercio que son similares a la que se solicita, y (2) cuando los bienes y/o servicios de las marcas están relacionados de tal forma que los consumidores podrían pensar erróneamente que provienen de la misma fuente o ser la misma cosa. Otras razones para denegar una marca incluye, que la marca sea un apellido de una persona; una descripción geográfica de un lugar; el nombre o imagen de un individuo; el título de un libro o de una película, entre otros.

**Marcas de bienes** ("Trade Mark")

Las marcas de bienes representan productos de diversa índole como artefactos, tecnologías, alimentos, artículos de manufactura; cosas que usamos diariamente en nuestros hogares, en el trabajo y lugares de entretenimiento, y otros. Los mismos deben estar disponibles para la venta en el mercado por una persona o entidad empresarial.

**Marcas de servicio** ("Service Mark")

Las marcas de servicio representan las actividades que personas o entidades realizan para el beneficio de la sociedad, tales como los servicios de consejería, el servicio de Internet, el de lavandería, los servicios de mudanzas, los servicios de seguridad y los servicios financieros de los bancos, etc.

## Sobre los símbolos de las marcas de bienes y servicios

Al igual que las marcas registradas, las de bienes y servicios también tienen sus respectivos símbolos. Las marcas de bienes utilizan la sigla TM ("Trade Mark") y las de servicio, la sigla SM ("Service Mark"). El propósito de estas siglas es advertir al público que tal o cual marca es reclamada como suya por una persona o entidad. Contrario al uso del símbolo de marca registrada, las siglas TM y SM pueden utilizarse libremente en el comercio, por cualquier persona o entidad, en cualquier momento, sin la necesidad de radicar una solicitud ante la USPTO o de pedir permiso o autorización alguna al estado.

No teniendo el requisito de someter formularios de solicitud para su uso, tampoco habrá necesidad de desembolsar dinero para su procesamiento y/o mantenimiento. Enfatizo el hecho que cualquier persona o entidad comercial puede utilizar libremente estas siglas como lo desee. El énfasis se debe a que suena inverosímil que estas clases de marcas se puedan usar libremente. Esta condición será cierta, siempre y cuando, la marca que se reclama y a la que se le va adjuntar la sigla TM o SM, no exista en el mercado local y/o estatal.

A pesar de lo anterior, las marcas no necesariamente tienen que estar registradas, como tampoco tienen que utilizar las siglas TM o SM para recibir las protecciones de ley. Tanto el registro, como el uso de las siglas TM o SM, no son compulsorios ni mandatorios. Es totalmente opcional. De hecho, la gran mayoría de los productos y servicios en el comercio se ofrecen sin estos protocolos. Sin embargo, los derechos de exclusividad de los titulares de esas marcas están protegidos por ley. Inclusive, en el caso que dos o más personas reclamen ante un tribunal una misma marca, la persona que pueda demostrar con evidencias que fue el primero en usar la marca en el comercio, es el que prevalecerá.

## Vigencia de las marcas de bienes y servicios

Las marcas de bienes y servicios pueden usarse indefinidamente en el mercado. El único requisito es que tienen que mantenerse en uso continuo en el comercio. Pero esos derechos pueden perderse tan pronto la marca deje de usarse. Una vez cae en desuso, cualquier persona puede apoderarse de ella sin que por ello cometa infracción a los derechos de su titular, pues la marca automáticamente dejó de existir.

## Marcas de cobertura federal versus las de cobertura estatal

De los tipos de propiedad intelectual, las marcas son las únicas que pueden solicitarse para registro, tanto a nivel federal como en el estatal. Las patentes, los derechos de autor y los secretos comerciales, son de la exclusiva jurisdicción federal. Ahora bien, para saber qué tipo de protección geográfica necesita el titular de una marca, todo depende del lugar donde se desea hacer negocios o mercadear sus productos y/o servicios. Por ejemplo, si se desea hacer negocios solo en el estado de California, pero en ningún otro estado, entonces lo recomendable es registrar la marca en ese estado únicamente. De hecho, la mayoría de los estados requieren el registro estatal para hacer negocios dentro de sus jurisdicciones y también, para mantener control sobre las actividades comerciales. Todos los estados y territorios de Estados Unidos tienen oficinas de marcas adscritas a las secretarías de estado para aquellas personas o entidades que deseen registrar sus marcas en sus respectivos estados.

Por otro lado, si se desea hacer negocios en varios estados—esta actividad se llama comercio interestatal—entonces se recomienda se registre la marca a nivel federal, a través de la USPTO. El registro federal provee protección en todos los estados y territorios estadounidenses. Pero recuerde, el símbolo ® solo se consigue con el registro federal. El registro estatal no lo provee. Una vez más, y como hemos mencionado, el registro a nivel de los estados como a nivel federal, no es necesario ni obligatorio ni mandatorio. Es totalmente opcional. De todos modos, si comparamos el registro federal con el de los estados, los costos de solicitud y de procesamiento a nivel estatal son más económicos.

## Cosas que no cualifican como marcas

- Escritos, como libros, artículos de revistas, reseñas, extractos, poemas, canciones, partituras (cubiertos bajo los derechos de autor).

- Dibujos, bosquejos, esbozos, croquis, bocetos, apuntes, planos, esquemas, gráficas, programados de computadoras (cubiertos bajo los derechos de autor).
- Palabras, términos, frases, símbolos o marcas que son inmorales, obscenas, engañosas, fraudulentas, escandalosas, indecorosas y deshonestas.
- Emblemas o signos nacionales como banderas, nombre de los países, nombres similares a los de los países o estados, regiones geográficas, nombres de agencias gubernamentales u organismos internacionales.
- Marcas parecidas o similares a las existentes de manera que pudieran causar confusión con las existentes.
- Nombres y apellidos de personas, designaciones o términos geográficos.
- Palabras, términos, marcas genéricas o descriptivas, que ya se utilizan públicamente para describir productos y/o servicios.
- Fórmulas secretas, procedimientos, procesos, métodos, secretos de negocio, comerciales e industriales (cobijados bajo las leyes de secretos comerciales).

## Diferencias entre marcas y patentes

Las marcas y las patentes atienden dos áreas importantes de la propiedad intelectual. Por un lado, las marcas les proveen a sus propietarios el derecho de exclusividad sobre el nombre distintivo de un negocio, así como también, el de sus productos y/o servicios en el mercado. Por otro lado, las patentes les otorgan a sus propietarios el derecho de exclusividad sobre sus inventos y descubrimientos.

Aunque las marcas y las patentes atienden áreas diferentes dentro de la propiedad intelectual, son muchos los casos en las que ambas se complementan entre sí. Esto quiere decir que podemos utilizar las leyes que las representan para maximizar los beneficios y protecciones que nos ofrecen. Tomemos, por ejemplo, el caso de un cepillo eléctrico de dientes por el cual su inventor obtuvo una patente (ley de patentes). Ese invento, debidamente patentado, necesita un nombre único para distinguirlo de los demás en el comercio (ley de marcas). También, su dueño pudiera crear una frase o estribillo para mercadearlo, lo mismo que un logotipo, emblema o signo distintivo con el cual se pudiera identificar en el mercado (ley de marcas). Y por último, si el dueño pudiera fabricarlo, creando en el proceso su propio negocio, ese negocio necesitaría además un nombre propio (ley de marcas).

Como podemos ver, las leyes de la propiedad intelectual nos proveen las herramientas adecuadas para proteger los diferentes aspectos de nuestra actividad empresarial. De esta manera, podemos obtener las recompensas económicas que nos merecemos y disfrutar los beneficios de exclusividad que nuestra productividad intelectual nos proporciona.

**Exitosa historia de una marca después de una tragedia**

Para terminar esta sección de marcas, y a manera de ilustración, relatamos una historia interesante que nos cuenta Timothy Lee Wherry en su libro, *Intellectual Property*. Se trata de la marca FDNY (Fire Department of New York) del Departamento de Bomberos de la ciudad de Nueva York. Como resultado de las heroicas ejecutorias de los bomberos rescatando vidas, al tiempo que perdían cientos de sus miembros durante el ataque de los terroristas a las torres gemelas del Centro Mundial de Comercio, en septiembre de 2001, las siglas FDNY tuvieron una exposición mediática extraordinaria. No solo en Nueva York, sino también, en el resto del mundo.

En los días, semanas y meses subsiguientes al deplorable acto terrorista, la demanda de consumo que surgió por el uso de las siglas fue de tal magnitud, que muchas personas y entidades comenzaron a lucrarse en grande de la venta de gorras, camisetas, prendas de vestir, y un sinfín de otros accesorios. Demás está decir, que esto tomó por sorpresa a las autoridades de la ciudad, quienes nunca se habían molestado en registrar las siglas FDNY como marca de fábrica. Obviamente, producto del desconocimiento que tenían sobre el valor de las marcas como propiedad intelectual.

Después de todo, ¿quién hubiese podido anticipar la fama de las siglas previo a los acontecimientos del 2001? Nadie. Así que, en medio de la conmoción generada por la tragedia y los millones de dólares que el comercio generaba por la venta de productos con las siglas, los cuales se traducían en pérdidas millonarias para la ciudad, porque nadie le pagaba nada, la ciudad tomó cartas en el asunto. Comenzó a enviar cartas de cese y desista a los vendedores que ilegalmente vendían la mercancía. Lo podía hacer, porque aunque la ciudad no había registrado oficialmente las siglas, éstas le pertenecían por ley. El uso continuo que el Departamento de Bomberos le había dado, y con las que se había identificado por más de una centuria, eran razones suficientes para reclamarlas como suyas bajo la ley de marcas.

Para hacer una historia larga, corta, a fin de cuentas, la ciudad terminó haciendo valer sus derechos de exclusividad sobre la marca firmando un contrato de franquicia con las tiendas por departamentos Macy's. Este contrato fue valorado en $20 millones de dólares anuales, para que fuese ésa compañía la única que podía vender mercancía legalmente con la marca FDNY (p. 81-82). Tal es el poder, la importancia y las repercusiones que puede producir una marca, tanto para su dueño, como para el comercio.

Bueno, es momento de dejar atrás la discusión de marcas para embarcarnos en la tercera rama o tipo de propiedad intelectual: los derechos de autor o derechos literarios. Usaremos el primer término con más frecuencia que el segundo, pero siempre recordando que representan lo mismo. El término "derechos de autor" se traduce al inglés como "copyright," que significa literalmente, "derecho a copiar." En esencia, la traducción literal del inglés es más descriptiva de los derechos que cobijan, que el nombre del término que usamos en español.

## Derechos de autor

En las secciones anteriores, describimos dos de las cuatro categorías que abarca la propiedad intelectual: las patentes de invenciones y las marcas comerciales. Ahora le dedicaremos tiempo para describir la tercera categoría. De los tipos de propiedad intelectual, esta es tal vez, la más conocida universalmente. Pero antes, unas palabras sobre la Oficina de Derechos de Autor.

## La Oficina de Derechos de Autor de EE.UU. ("U.S. Copyright Office")

La Oficina de Derechos de Autor es la agencia gubernamental, a nivel nacional, creada por ley para administrar las leyes y los reglamentos de derechos de autor de Estados Unidos y sus territorios. Pertenece a la Biblioteca del Congreso, la que a su vez es una dependencia de la Rama Legislativa (el Congreso). La agencia recibe solicitudes de derechos de autor y las evalúa para inclusión en el registro nacional. Mantiene el registro nacional de las obras originales de los autores del país. El registro se compone de una base de datos electrónicos de obras literarias, dramáticas, sonoras y artísticas.

La oficina lleva a cabo otras funciones de envergadura, tales como el de proveer asistencia técnica al Congreso y la Rama Ejecutiva en materia de derechos de autor, y ha participado activamente en los convenios, acuerdos y tratados en los que Estados Unidos aparece como signatario. A petición del Congreso, la oficina asiste y asesora a ése cuerpo en la creación y desarrollo de política nacional e internacional en todo lo que tiene que ver con los derechos de autor. De igual manera, propone legislación relevante, así como enmiendas a la legislación vigente, para atemperarla a los tiempos, y lleva a cabo estudios e investigaciones en el área de los derechos de autor.

En adición, la oficina provee servicios de información al público y la ciudadanía en general en lo que respecta a los derechos de autor, el proceso de registro y evaluación, los costos asociados al registro y emite la certificación correspondiente al titular de una obra, cuando ésta es agregada al registro oficial. Por último, sirve de recurso valioso en términos de asesorar y orientar a las comunidades nacionales e internacionales en materia de derechos de autor.

### Definición de derechos de autor

Los derechos de autor son derechos otorgados por el estado a personas o entidades para excluir a otros de reproducir, copiar, plagiar, representar, ejecutar, distribuir, presentar públicamente, mercadear o lucrarse económicamente de obras literarias, dramáticas, sonoras, musicales y artísticas, en toda su extensión y en toda su expresión. El material debe ser un original plasmado en un medio físico, como lo es el papel, la tela, el disco compacto, la memoria interna de una computadora, su disco duro, su monitor, una piedra, un pedazo de madera, el plástico, láminas de vinilo, el cemento y cualquiera de los otros materiales físicos disponibles. El derecho de exclusividad solo aplica a la forma de expresión y no al tema, la idea, el concepto, el objeto, la materia o composición de la obra.

Los temas, las ideas y los conceptos son cosas abstractas, producto del intelecto humano. Mientras permanezcan en la mente de los individuos, nadie las puede reclamar como suyas, como tampoco pueden apoderarse de ellas. Le pertenecen a todo el mundo y a nadie en particular. Por eso no hay, ni puede haber, leyes de derechos de autor que las regulen o brinden protecciones de exclusividad para su uso.

## Ideas, conceptos y expresiones

El saber diferenciar entre una idea o un concepto y las expresiones que de ellos podemos derivar, es importante para entender la protección que brindan los derechos de autor. Una cosa es el concepto en sí, o las ideas, y la otra son las expresiones que hacemos sobre ese concepto o esas ideas. La protección de exclusividad que otorga la ley se circunscribe a la forma en que nos expresamos sobre algo y no en el objeto de la expresión "per se." Esas expresiones son producto de nuestra inspiración y estilo personal propio, las palabras que usamos y cómo las usamos.

Al igual que las huellas dactilares, cada uno de los seres humanos nos distinguimos los unos de los otros por la forma especial, única y distintiva de hablar, de expresión, de interpretar, de ver las cosas, de escribir, de reaccionar a eventos y situaciones, y así por el estilo. Esa característica tan especial de nuestra expresión artística como individuos, es lo que la ley protege. Si alguien reproduce o copia nuestra expresión artística exactamente como la produjo nuestro intelecto, y no da el crédito correspondiente de dónde lo obtuvo, ese alguien estaría incurriendo en plagio. El plagio es condenable por ley, por lo que podemos llevar a estas personas ante los tribunales.

Ampliando sobre este punto, tomemos por ejemplo, el concepto "amor" o la idea que cada uno de nosotros tiene sobre el "amor." Todos o casi todos, particularmente en el mundo occidental, lo hemos experimentado de una manera u otra, así como en varios grados o niveles de intensidad. De igual forma, estamos frecuentemente hablando sobre el amor, expresándonos sobre el amor, reflexionando sobre el amor, cantándole al amor, haciendo referencias o alusiones al amor, y así sucesivamente. Cada persona lo hace de forma particular, desde su perspectiva personal. Resulta muy improbable que dos personas se expresen exactamente igual. Son esas expresiones auténticas, genuinas y particulares las que cubren las leyes de derechos de autor, y no el objeto—en este caso, el amor—que sirvió de fuente de inspiración inicial para expresarnos de tal o cual manera.

Por otro lado, supongamos por un instante que alguien reclamara como suyo el concepto "amor" y que las leyes de derechos de autor le permitieran hacerlo. ¿Qué pasaría? Lo que pasaría es que el resto de nosotros no podríamos utilizar el concepto, como tampoco podríamos hacer referencia al mismo. Pues, como tiene dueño y es propiedad de alguien, protegido por ley, no podríamos hablar sobre el amor, como tampoco podríamos expresarnos sobre el particular. Es por eso que cuando se trata de los temas, los conceptos y las ideas, no se les pueden aplicar las leyes de derechos de autor. Son temas universales a los que todo el mundo tiene derecho de usar y usar como lo desee.

Ahora bien, otro aspecto importante que tenemos que destacar es el hecho que las expresiones que hagamos sobre tal o cual cosa no se pueden quedar meramente en el ámbito de las palabras o las expresiones orales. Eso de por sí no provee protección de ley alguna. Como hemos señalado, la protección solo se obtiene si están plasmadas en un medio físico. O sea, tenemos que hacer la transferencia de las ideas al papel o al medio físico que sea. Así que, si en algún momento usted se expresa sobre el amor, bien sea a través de una poesía o una canción, en un ensayo o en un libro o en un escrito de cualquier otra índole, asegúrese de hacerlo en un medio físico para que la ley le pueda aplicar. De lo contrario, de nada le vale.

### ¿Qué obras cubren los derechos de autor?

En términos de las obras o trabajos literarios y artísticos que cubren los derechos de autor, podemos mencionar los libros, los manuscritos, las revistas, los artículos de revistas, folletos, poesías, poemarios, novelas, obras de teatro, obras cinematográficas, obras arquitectónicas, fotografías, películas, videos, cuentos, libretos, composiciones musicales, arreglos musicales, canciones, partituras, programados de computadoras, etiquetas o envolturas de productos, dibujos, pinturas, gráficas, ilustraciones, esculturas, reproducciones artísticas, mapas, planos, publicidad, grabaciones musicales y sonoras de todo tipo, el contenido de las páginas y sitios cibernéticos o cualquier otro contenido de carácter digital o impreso, entre otros.

## Vigencia de los derechos de autor

Cualquiera de las obras o trabajos literarios que sus autores realizan en un medio tangible, están automáticamente protegidas por ley tan pronto como se hayan creado. La protección se activa al instante y sin que se efectúe registro alguno. El titular gozará de las garantías de protección que le provee la ley durante todo el transcurso de su vida y sus derechos se extenderán hasta 70 años después de su muerte. Estos derechos también pueden ser heredados por sus descendientes o transferibles a la persona o personas que el titular designe en su testamento. Un detalle curioso es que la obra no necesariamente tiene que haber sido publicada para recibir las protecciones de ley. Estará protegida, aun cuando se encuentre en forma de manuscrito. Así que, publicada o no, presentada en público o no, la obra gozará de protección en todo momento como cualquier otra. También, deberá saber que los derechos que provee la ley no son ilimitados. Esto es así, porque se permite la reproducción de copias de forma limitada para propósitos educativos o de investigación; más no así para propósitos comerciales.

## Registrar o no registrar

En términos generales, para recibir las protecciones de ley, el registro oficial en la Oficina de Derechos de Autor no es necesario ni compulsorio. Es totalmente voluntario y opcional. No obstante, si usted percibe o piensa que su obra pudiera ser reproducida por segundos y/o terceros, y por lo tanto, prevé posibles litigios en el futuro, entonces sería recomendable que lo haga. De hecho, para usted entablar una demanda en la corte federal, que es la que tiene jurisdicción en estos casos, usted tiene que haber registrado la obra previamente.

Bajo estas circunstancias, el registro es una herramienta indispensable para que la corte considere su caso y posiblemente falle a su favor. Pero recuerde, que en caso de plagio o reproducción ilícita de su obra, es usted el que tiene que iniciar el proceso de litigio. Ninguna entidad gubernamental o privada lo va a hacer por usted, como tampoco le va a defender sus derechos.

Otras razones para registrar su obra pueden ser por propósitos puramente personales. Muchas personas deciden registrar porque se sienten más cómodos y seguros al afirmar la titularidad de sus obras oficializándolas en el registro público. Para otras personas, sin embargo, lo importante es exhibir orgullosamente en sus hogares u oficinas de trabajo, el Certificado de Registro que emite la Oficina de Derechos de Autor, donde sus nombres aparecen prominentemente como titulares de sus obras.

Hoy en día, el proceso de registrar se lleva a cabo principalmente de forma electrónica a través del portal cibernético de la agencia en, www.copyright.gov. Es también la forma más expedita, económica y eficiente de radicar su solicitud, ya que cuesta la mitad de lo que cuesta el registro tradicional en papel a través del correo regular. El proceso de registro es uno básicamente automático en el sentido que tanto las solicitudes, como las obras que se someten, no son evaluadas ni analizadas en sus méritos ni en ninguno de sus aspectos. Todo es prácticamente aceptable; nada es rechazado, denegado o devuelto. De hecho, he leído que en una ocasión, una persona envió una caja de zapatos a ver si la Oficina de Derechos de Autor la registraba como obra literaria, y en efecto, así ocurrió. Un mes después, la persona recibió en su hogar el Certificado de Registro donde se confirmaba que la "obra" había sido registrada oficialmente.

### La nota de derechos de autor

La nota de derechos de autor es el aviso que se coloca en algún lugar visible de la obra, generalmente, al principio de la misma, para reclamar públicamente su titularidad. Para usarla, no se necesita autorización ni permiso previo alguno de la Oficina de Derechos de Autor, ni de ninguna otra entidad. Tampoco la obra tiene que estar registrada o publicada, como hemos mencionado. La nota consiste de tres elementos básicos: (1) el símbolo, palabra o frase "Derechos reservados;" (2) el año de creación o publicación; y (3) el nombre del autor o entidad que reclama su titularidad. Por ejemplo, cualquiera de los siguientes cuatro formatos son aceptables:

Derechos Reservados 2015 Pedro Rivera
Copyright 2015 Pedro Rivera
Copyright © 2015 Pedro Rivera
© 2015 Pedro Rivera

Ahora bien, cuando se trata de grabaciones musicales o sonoras, se pueden usar los primeros dos ejemplos arriba mencionados. Sin embargo, en cuanto al tercero y el cuarto, el símbolo © se sustituye por la letra P en mayúsculas dentro de un círculo (℗). La P viene de las palabras "phonograph/phonogram" (fonógrafo/fonograma), que se usaba en los discos de música de vinilo en los países de habla inglesa hace ya varias décadas. El formato de la nota, en este caso, es como sigue:

℗ 2015 Pedro Rivera

### Protección y/o registro internacional

En términos generales, no hay tal cosa como protección o registro internacional o universal de los derechos de autor. Las protecciones que confieren las leyes son válidas solo dentro de las jurisdicciones y fronteras geográficas de los países donde residen los titulares. Sin embargo, existen acuerdos internacionales entre varios países para reconocer y respetar los derechos de autor de los ciudadanos de sus respectivos países. Pero esto no es cierto para todos los países del mundo. Aún dentro de los países que han firmado acuerdos, no siempre éstos son honrados u honrados en su totalidad. Tampoco es posible la intervención de Estados Unidos para hacer valer las leyes en esos países; sin duda, eso les corresponde a los gobiernos de los países propiamente.

Por ejemplo, en los países donde no existe o no ha existido una tradición de respeto hacia la propiedad intelectual, es difícil hacer cumplir las leyes. Mucho menos cuando se trata de los derechos de autor de los ciudadanos de otros países. Es el caso de países como China e India, donde el plagio, las reproducciones ilegales y donde todo tipo de infracciones a las leyes de propiedad intelectual, ocurren diariamente con absoluta impunidad.

De todas maneras, si se desea registro y protección en otros países, se debe solicitar directamente en las oficinas de derechos de autor de esos países, por separado, para más seguridad. Aun así, no hay garantías que su obra va a estar respaldada por las autoridades locales. Lo más probable es que no lo este, en cuyo caso, es poco o nada lo que usted pueda hacer para proteger sus derechos.

Con esto, terminamos nuestra sección de derechos de autor. Pasamos ahora a presentar el cuarto y último tipo de propiedad intelectual: los secretos comerciales.

## Secretos comerciales

El último tipo de propiedad intelectual que nos queda por discutir es el que se conoce como secretos comerciales, secretos de negocio o secretos industriales. Casi todos los países del mundo tienen leyes que regula esta actividad, confiriéndoles derechos, protecciones y remedios a los poseedores de secretos comerciales. Un secreto comercial es un conjunto de conocimientos, ideas e información de aplicación comercial, que no son generalmente conocidos por mucha gente dentro de una organización. Son de carácter único, confidencial, especializado y privilegiado, que le pueden ofrecer al que lo posea una ventaja comercial extraordinaria sobre la competencia en el mercado.

El secreto comercial pudiera incluir, mas no está limitado a procesos o procedimientos de manufactura, de venta o de distribución de mercancía, métodos o técnicas de producción, fórmulas, recetas, mezcla de ingredientes, compuestos químicos, estrategias de mercadeo, tecnología, maquinaria, herramientas, servicios especializados, lista de clientes, y cosas así por el estilo. Solo la información utilitaria de aplicación comercial puede ser considerada secreto comercial, la que a su vez aportaría una ventaja competitiva o beneficio económico real sobre otros competidores en el mercado. La importancia de este activo es tal que hasta la propia existencia de una empresa dependería de ello; sería precisamente su razón de ser y sin ello, la empresa no sería la que es, ni pudiera existir u operar en el mundo real.

Sin embargo, para acogerse a los derechos, protecciones y remedios que proveen las leyes de secretos comerciales, los titulares deberán cumplir con la siguiente exigencia o condición. Deberán tomar o haber tomado, todas las medidas, procedimientos y controles de seguridad posibles para proteger, salvaguardar y mantener el secreto, en estricto secreto. Esto es, preservar el carácter secreto de la información bajo estricta confidencialidad. Solo unos pocos, los absolutamente necesarios, podrán tener conocimiento o acceso al secreto. Desde luego, los empleados a los que se les confía el secreto tienen que suscribir contratos de confidencialidad sobre la información privilegiada que se les confiesa y hacer el compromiso solemne de no divulgarlo a terceros, aún luego de haber terminado su relación con la empresa.

Por otro lado, los dueños de secretos comerciales no podrán reclamar los derechos que le confiere la ley en aquellos casos donde se pueda probar, fuera de toda duda, que incurrieron en negligencia con respecto a la seguridad y protección del secreto. Una vez el secreto se hace público, o es conocido por varias personas, el secreto deja de ser secreto comercial y por lo tanto, perdería las protecciones que ofrece la ley.

Los secretos comerciales no son registrables ni se solicitan ni pasan por procesos de evaluación ni caducan luego de cierto tiempo ni hay que pagar cuota alguna para obtenerlos o para mantenerlos vigentes. Tampoco hay que pedir permiso o autorización al estado para hacer uso de ellos. Después que su dueño personalmente lo mantenga en secreto y tome las debidas precauciones para protegerlo, el titular gozará de todos los beneficios a perpetuidad que le confiere la ley. Permite, además, que el secreto pueda ser pasado o transferido de generación en generación, sin la intervención de abogados o ente gubernamental alguno.

Para poner en contexto el valor que representa para una empresa un activo tan importante como el de los secretos comerciales, referimos al lector a un artículo de Bruce Watson, publicado en el *Daily Finance* del 4 de julio de 2010, bajo el título, *"10 make-or-break trade secrets."* En ese artículo, Watson ofrece un listado de diez secretos comerciales famosos que han catapultado a sus empresas a ser muy conocidas mundialmente, en adición a los miles de millones de dólares que generan en ganancias anualmente. De hecho, sin sus respectivos secretos comerciales, estas empresas nunca hubiesen existido y mucho menos, llegar a ser los imperios industriales que son hoy en día. A continuación, algunas de las que aparecen en el listado:

- La receta secreta de los panecillos Thomas' English Muffins
- La fórmula secreta de la Coca-Cola
- El algoritmo secreto que utiliza Google como herramienta de búsqueda en su portal cibernético
- La receta secreta de Kentucky Fried Chicken (KFC)
- La fórmula secreta del lubricador WD-40

**Ventajas y beneficios de los secretos comerciales**

Generalmente, los secretos comerciales poseen ciertas ventajas y beneficios sobre otros tipos de propiedad intelectual, particularmente, los relacionados a las patentes. A continuación, ofrecemos un contraste de las ventajas, los beneficios y las particularidades de estos dos tipos de propiedad intelectual:

- La principal ventaja de los secretos comerciales estriba en el hecho que proveen protecciones a perpetuidad si los comparamos con los 20 años de protección máxima que proveen las patentes. La perpetuidad de los secretos comerciales depende de las medidas de seguridad que tome su titular para mantener el secreto.
- En los secretos comerciales no hay costos ni desembolsos de dinero, ya sea para solicitarlos o para mantenerlos vigentes, como ocurre con las patentes.
- Los detalles de los secretos comerciales no se divulgan públicamente, mientras que los detalles de las patentes tienen que hacerse públicos.
- Los secretos comerciales pueden aplicarse inmediatamente por su titular, sin impedimento alguno. Las patentes pasan por un arduo proceso en el que hay que esperar hasta que el mismo culmine su curso

en la USPTO, lo que puede tardar años. Su titular no tiene control sobre el proceso.

- Los derechos y protecciones que ofrecen los secretos comerciales se pueden disfrutar al instante. Para disfrutar los derechos de las patentes hay que esperar años en lo que se procesan, y aun así, no hay certeza de que la patente se logre.

- Los secretos comerciales no son evaluados en sus méritos. En el caso de las patentes, éstas tienen que pasar por los procesos de investigación, análisis y evaluación, para su autorización final.

- Los secretos comerciales no hay que solicitarlos a entidad alguna para usarlos, mientras que las patentes requieren una solicitud formal ante la USPTO para su autorización.

Hasta aquí la sección de secretos comerciales. Permítame, a continuación, resumir lo discutido en este capítulo, estableciendo las diferencias básicas entre los cuatro tipos de propiedad intelectual y lo que cada uno de ellos cubre.

## Diferencias entre los cuatro tipos de propiedad intelectual

En ocasiones, es difícil determinar con precisión qué tipo de protección es el más adecuado, el más apropiado, el correcto o el conveniente, ya que son muchos los factores que inciden en la determinación. Esto incluye a los expertos en la materia. Así que, si usted no es un experto en estas cosas, no se preocupe si no las tiene del todo claro. Las controversias e inconsistencias en esta área abundan y proveen terreno fértil para los litigios. Existe, además, el hecho que muchas cosas pueden recibir protección de varios tipos de propiedad intelectual a la misma vez y por separado. Y, si no se puede obtener protección de una manera, entonces, se pudiera lograr de la otra.

De todas formas, vamos a tratar de establecer obvias diferencias para que el lector tenga una idea de cómo se podrían ubicar más adecuadamente algunos productos dentro del esquema de la propiedad intelectual. Como sabemos, cada uno de los tipos de propiedad intelectual atiende diferentes aspectos, aunque en ocasiones se entrelazan.

Las patentes de utilidad protegen los aspectos funcionales de algo, lo que hace en su interior y ese algo, puede ser una máquina, un instrumento, un método, un procedimiento, unos procesos, un compuesto o mezcla, una composición química o de materia, una fórmula, un artículo de manufactura o las mejoras que se les puedan hacer a éstos. En el caso de las patentes de diseño, lo que se protege no es lo funcional del diseño, aunque sí, el objeto del diseño debe ser funcional. Lo que se protege son los aspectos externos, las líneas, los contornos, la estética, la ornamentación de algo que es útil.

Es por eso que podríamos solicitar una patente de utilidad para un paragua, lo mismo que para el método, proceso o procedimiento de hacer el paragua. De igual manera, podríamos solicitar una patente de diseño para el diseño del paragua, como para sus partes y piezas, y hasta para el material que se usa en su construcción. Lo que no podemos patentar es la idea o el concepto que tenemos dentro de nuestras mentes sobre ese paragua. Una vez esa idea del paragua se hace realidad, y viene a formar parte del mundo físico, entonces sí podría ser patentada, de cumplir con otros requisitos de ley.

Las marcas, por otro lado, protegen los símbolos, logotipos, palabras, frases, lemas, que los dueños de productos y/o servicios utilizan en el mercado para distinguir los suyos de los demás. El propósito aquí es lograr que se asocie el nombre, ya sea a través de un símbolo, emblema, logotipo o palabra de un producto y/o servicio, con el producto y/o el servicio mismo, de manera que los consumidores puedan diferenciarlos de otros en el mercado. Esto a su vez beneficia a los consumidores, porque al diferenciar productos y servicios, también pueden hacer decisiones educadas a la hora de comprar. Decisiones que estarían fundamentadas en el reconocimiento y en la reputación de esos productos y/o servicios.

Siguiendo con el ejemplo del paragua, la ley de marcas protegería el nombre que le pusiéramos a ese paragua, prohibiendo que manufactureros, distribuidores y vendedores de paraguas usen el mismo nombre en los suyos, al igual que cualquier símbolo, palabra o frase que le pongamos para distinguir ese paragua de los demás. En adición al nombre, también podríamos mercadear nuestro producto con la frase, "El mejor paragua del mundo." Esa frase estaría protegida por ley y tampoco podría ser copiada o utilizada por la competencia para productos similares.

En tercer lugar, los derechos de autor. Éstos protegen la expresión artística producto de la creatividad humana o la forma en que nos expresamos sobre una idea, un concepto o una cosa. La protección se obtiene cuando esas expresiones se encuentren plasmadas en un medio tangible, ya sea en papel, en un libro, en una revista, en una pintura, en una fotografía, en una escultura, en un dibujo, en un disco compacto (CD) o en un disco de video (DVD), entre otros.

Lo que no está protegido es el objeto mismo de la expresión. En otras palabras, las leyes de derechos de autor protegen las expresiones artísticas que hemos realizado sobre el paragua, pero no proveen protección para el paragua, la idea del paragua o su funcionamiento. Por ejemplo, si escribimos un ensayo o un artículo de periódico sobre el paragua, si de nuestra inspiración sale una poesía o una canción sobre el paragua, si hacemos un dibujo del paragua, si tomamos una fotografía del paragua, si hacemos un video sobre paraguas, si a los consumidores les ofrecemos las instrucciones de cómo usar el paragua. Todo esto estaría cubierto por las leyes de los derechos de autor.

Ahora bien, en cuanto a los diseños, éstos podrían causar algún grado de confusión entre nuestros lectores, porque a simple vista, pudieran estar cobijados tanto por las leyes de patentes de diseño, como por los de derechos de autor. Lo cierto es que eso depende de la situación. Por ejemplo, para que un diseño cualifique para una patente, el objeto del diseño deberá ser útil y llevar a cabo una función específica. Más no así para los derechos de autor. Éstos cubren solamente la expresión artística de objetos que no tienen función o utilidad alguna. La diferencia entonces estriba, en la funcionalidad o falta de funcionalidad del objeto del diseño. Eso es lo que precisamente determinará el tipo de propiedad intelectual que le aplicaría.

En cuarto y último lugar, nos queda por resumir los secretos comerciales. El objeto de la protección aquí, no es la cosa que se quiera proteger, sino las gestiones que lleve a cabo el dueño del secreto comercial para proteger su secreto y mantenerlo en estricta confidencialidad. En la medida en que sea exitoso en resguardar su secreto y prevenir a toda costa su divulgación pública o por personas no autorizadas, la ley estará de su lado defendiéndolo en caso que se transgredan sus derechos.

Como ejemplos, podemos mencionar las medidas que tome una persona para proteger el procedimiento o método para ensamblar o construir un paragua, la fórmula que se ideó para producir la tela del paragua, las técnicas que se crearon para vender el paragua a través del Internet, la lista de clientes que mantiene la empresa, el plan de negocio que se preparó para desarrollar e implementar nuevos servicios o productos, y así por el estilo. Todas estas actividades están cobijadas por la ley de secretos comerciales.

## Resumen del capítulo

En este capítulo discutimos lo que es la propiedad intelectual y presentamos los diferentes tipos que existen: patentes, marcas, derechos de autor y secretos comerciales. Esta información es de vital importancia para el lector poder entender mejor el tema de las patentes de invenciones, que abordaremos en los capítulos subsiguientes.

# CAPÍTULO II

# PATENTANDO INVENTOS

**D**ESPUES DE HABER PRESENTADO brevemente el campo de la propiedad intelectual en el capítulo anterior, ahora utilizaremos lo que resta del libro para concentrarnos en lo que constituye uno de los tipos de propiedad intelectual que no mucha gente conoce. Esto, a pesar de que todo lo que nos rodea tiene que ver con ello de alguna manera u otra: las patentes de invenciones. Discutiremos su importancia, haremos referencia a la ley de patentes, las enmiendas del 2011 que radicalmente transformó el sistema de patentes de EE.UU., mencionaremos la función y los propósitos de la USPTO, qué constituye una patente, qué cosas pueden ser patentadas, qué cosas no cualifican, los beneficios, derechos y responsabilidades que representa el poseer una patente, las probabilidades de obtenerla, cómo se puede perder la titularidad de una patente, los tipos de patentes que existen, el proceso de patentar, los costos asociados, y finalmente, terminamos el capítulo exponiendo algunos mitos y falacias referente a las patentes.

## Introducción a las patentes

Las patentes de invenciones surgen de la necesidad de proteger los inventos de los ciudadanos de manera que éstos puedan aprovecharse de los beneficios económicos que sus descubrimientos les pudiera producir, mediante su comercialización. Esto es bueno, tanto para el inventor, como para la sociedad y el país donde se vive. El beneficio económico le permite al inventor recuperar los costos incurridos en la creación y desarrollo de su invención, así como los de venta y mercadeo, a la vez que se premia y se incentiva su creatividad intelectual para que continúe generando nuevas ideas; más y mejores inventos. Es el motor que da origen a la innovación, a nuevos productos, nuevas industrias, nuevos comercios y negocios. Es así como se fomenta el desarrollo económico e industrial de un país, contribuyendo a la creación de buenos empleos y al progreso de la sociedad en general.

## Importancia de las patentes

La importancia de las patentes estriba principalmente en que es casi imposible vivir sin las invenciones que han hecho de nuestras vidas y de nuestra sociedad la que es. Excluyendo lo hecho por la naturaleza, casi todo lo demás que nos rodea fue inventado por alguien. Desde que nos levantamos por la mañana, hasta que nos acostamos al final del día, y aún durante nuestro descanso, dependemos de productos que en muchos casos son el resultado de una patente. El colchón donde dormimos, las almohadas que usamos, los jabones y el champú con los que nos aseamos, los zapatos que nos ponemos, la radio y televisión que nos informa y nos entretiene, el móvil con el que nos comunicamos, la computadora con la que nos conectamos con el mundo, la electricidad que consumimos, las aeronaves y los autos que nos transportan, las medicinas que tomamos para nuestras enfermedades, y así sucesivamente.

En fin, cada minuto de nuestras vidas, lo que hacemos y cómo lo hacemos, es a través de los productos, mercancías, artefactos, instrumentos, utensilios, materiales, aparatos y máquinas, que nos facilitan la vida y nuestro quehacer cotidiano.

Además del impacto que tienen los productos patentados en la cotidianidad de las personas en todos los rincones del planeta, también, juegan un papel sumamente importante en la economía de los países. De hecho, los países más desarrollados, los llamados del primer mundo, se caracterizan por la gran cantidad de patentes que producen anualmente y como consecuencia directa, por su avanzada tecnología. Son países que cuentan con grandes centros de investigación y desarrollo, además de tener una población de inventores independientes muy numerosos y activos. Generalmente, los ciudadanos de estos países gozan de un estándar de vida holgado y de una calidad de vida sin igual, si los comparamos con los países que menos patentes producen.

Mientras más inventos patentados se producen, más productos se podrán manufacturar, mercadear y vender. Más tecnología, mejores metodologías y procesos entran al mercado. Esto constituye las bases de una buena actividad económica fundamentada en industrias, comercios, negocios y empresas que proveen buenos empleos. Los buenos empleos a su vez, les permitirán a esos ciudadanos comprar y consumir los productos que desean y necesitan, aportando así a una mejor calidad de vida. Entonces podemos decir, que hay una correlación positiva entre patentes y calidad de vida, entre patentes y desarrollo económico.

Para muchas de las pequeñas y medianas empresas que existen en nuestro entorno, las patentes proveyeron la chispa que les permitieron nacer, crecer, establecerse y consolidarse en el mercado. Algunas lograron seguir creciendo hasta convertirse en los grandes emporios industriales que conocemos. Son los casos de las compañías de dispositivos electrónicos de todo tipo como Apple e IBM, y en informática, la Microsoft. Todas estas comenzaron como improvisados talleres en un rincón de una residencia, pero lo que les permitió desarrollarse hasta niveles inesperados, fueron las patentes que poseían.

A las industrias y los negocios ya establecidos, las patentes les proveen prestigio, distinción y valor. El valor añadido estriba en el potencial de rendimiento de la invención y la diversidad de los nuevos productos y tecnologías adquiridas en el proceso. En el mundo de hoy, las empresas de clase mundial se distinguen precisamente por la cantidad de patentes que tienen en sus portafolios. A mayor cantidad de patentes, mayor es el prestigio y el valor de esas empresas en el mercado.

Reconociendo el valor y la importancia de las patentes, en el 2011, Google invirtió miles de millones de dólares en la compra de patentes para aumentar su portafolio. Compró 24,000 patentes y solicitudes de patentes de Motorola por la cantidad de USD$12,500 millones. Más tarde, en ese mismo año, compró unas 1,030 patentes de IBM por una suma de dinero no divulgada públicamente. Desde entonces, ha estado comprando patentes de otras compañías para fortalecer su portafolio que en el 2013 totalizaba más de 51,000 patentes (Regalado, 2013). Claro, no solo para fortalecer su portafolio, sino también, para acaparar nuevas tecnologías, incursionar en nuevos productos y aventuras comerciales, a la vez que se protegía de posibles litigios en su contra. Con la adquisición de esas patentes, el valor de Google en el mercado subió dramáticamente. Los miles de millones de dólares que invirtieron en esas compras, le proveyeron a Google más prestigio y una mayor cotización de sus acciones en la bolsa de valores de Nueva York.

Otra razones que las grandes corporaciones utilizan para adquirir patentes es con el propósito expreso de mejorar sus oportunidades de prevalecer en los casos de litigios en los tribunales. Esta estrategia corporativa se ha popularizado en la última década, dados los buenos resultados que ha producido en términos de ganancias netas para las compañías. Se trata de una forma fácil para generar millones de dólares en ingresos sin tener que fabricar o vender nada a cambio. El poseer los derechos de patentes importantes, particularmente en el campo de las tecnologías de avanzada, le permite al titular entablar litigios contra la competencia, especialmente cuando se sospecha posibles interferencias con las patentes de la competencia.

Muchos de los litigios persiguen objetivos estratégicos. En unos casos, para usurparles las ganancias a la competencia por las ventas de un producto no autorizado, o bien para prohibir que la competencia continúe mercadeando productos ilegítimos que confligen con uno patentado. En otros casos, para fortalecer litigios ya iniciados en el tribunal y así aumentar las posibilidades de ganar el caso, como también, para anular la patente del adversario, de encontrarse en conflicto con otras patentes.

El premio de prevalecer en corte puede significar miles de millones de dólares en ingresos para la compañía agraciada. Es por eso que no nos debemos sorprender, cuando leemos en los periódicos noticias de esas guerras interminables donde Google demanda a Microsoft, y ésta a su vez, contrademanda a Google por violación de sus patentes o algunos aspectos de las mismas. De igual manera, Microsoft demanda a Apple, Apple demanda a Samsung, Samsung demanda a LG, LG a Sony, y así sucesivamente. Desafortunadamente, las demandas y contrademandas se han convertido en una actividad empresarial de máxima importancia para estas industrias.

El perdedor en un litigio de esa magnitud pudiera encarar grandes dificultades dependiendo de su fortaleza económica. Pero aun siendo una empresa grande y poderosa, el fallo en su contra pudiera representar una situación de vida o muerte para la entidad. Desde la pérdida de millones de dólares en compensaciones, la pérdida del mercado para sus productos, la invalidación de sus patentes, el menoscabo a su competitividad y prestigio, su susceptibilidad para ser comprada por la competencia, hasta la desaparición como ente corporativo. Esto es solo una muestra del precio que se paga, de encontrarse culpable, por violentar derechos de patentes.

## Ley de patentes

La constitución de Estados Unidos le otorga al Congreso de la nación los poderes para promulgar las leyes de patentes. El Artículo I, Sección 8, dice, "El Congreso tendrá los poderes…..para fomentar el progreso de la ciencia y de las artes útiles, asegurando a los autores e inventores, por tiempo limitado, el derecho exclusivo sobre sus respectivos escritos y descubrimientos." Siguiendo este mandato constitucional, el Congreso ha actuado.

La primera ley de patentes fue promulgada en el 1790, bajo la administración del presidente Jorge Washington. Desde entonces, la ley ha sido revisada y enmendada en numerosas ocasiones. Culminó recientemente con la Ley Leahy-Smith Estados Unidos Inventa del 2011 (Leahy-Smith American Invent Act, Public Law 112-29, 125 Stat. 284, September 16, 2011), cuando el presidente Barak Obama le estampó su firma.

## Ley Estados Unidos Inventa del 2011

Esta ley se conoce comúnmente como la Reforma a la ley de patentes, ya que impuso grandes cambios al sistema de patentes de Estados Unidos. Entró en vigor, por etapas, a partir del 16 de marzo de 2012. Su preámbulo estipula que está orientada a estimular el crecimiento económico del país y a fomentar la creación de empleos en la pequeña empresa. Procura atemperar la ley a los tiempos presentes, y a sincronizar el sistema de patentes de Estados Unidos, con el sistema que impera en el resto del mundo.

La Reforma trajo muchos cambios. El más fundamental de todos, fue el basado en el criterio "primero en inventar" que databa del 1790, a "primero en presentar la solicitud" de patente. Antes de la implantación de la Reforma, la persona que primero inventara, y podía probarlo, es al que se le adjudicaba el derecho a recibir la patente. Esto, en caso que otra persona reclamara la titularidad por la misma invención y se le adelantara, presentando una solicitud de patente. Así que, si dos personas reclamaban ser inventores de un mismo invento, la USPTO adjudicaría la patente al primero que concibió el invento y no al primero que solicitó la patente. Este concepto solo existía en Estados Unidos. En el resto del mundo lo que ha imperado desde tiempos inmemorables es el concepto de "primero en presentar la solicitud" y no el "primero en inventar." Con la implantación de la Reforma, Estados Unidos se une así a los demás países del mundo, al adoptar el mismo criterio en la adjudicación de patentes.

En este libro, no vamos a enumerar todos los cambios que introdujo la Reforma. Eso es materia para otro libro. Aquellos cambios más relevantes han sido incorporados automáticamente al texto para brindarles a los lectores la información más actualizada y completa posible. Mientras tanto, resumimos a continuación, algunos de los otros cambios:

- **Procesamiento de patentes en 12 meses.** La Reforma atiende el problema perenne que ha plagado a la USPTO por años, en lo que respecta al tiempo que toma en procesar patentes. Este ha sido de aproximadamente tres años, pero en algunos casos, este tiempo se ha extendido hasta más de 10. La Reforma le provee a la USPTO más fondos operacionales, mejores recursos, autorización para reclutar más personal especializado y actualizar su tecnología para acelerar el procesamiento de patentes, de manera que lo pueda acortar a 12 meses.
- **Mejorar la calidad de las patentes que se emiten.** La USPTO deberá establecer nuevas normas, controles y guías de calidad

para mejorar los procedimientos de examinación y evaluación de las patentes que tramita. Los críticos han llamado la atención al hecho que se han emitido patentes de tan baja calidad que nunca se debieron haber emitido.

- **Reducción de litigios.** Los tribunales estadounidenses se encuentran inundados por la gran cantidad de litigios de patentes que atienden anualmente. La Reforma promete procedimientos legales más ágiles y menos costosos, a la vez que los reduce.
- **La creación de micro entidades.** En el esquema de precios que factura la USPTO por sus servicios, se establece la nueva tasa de *Micro entidades,* especialmente, para universidades e inventores independientes. Esta representa una reducción de 75% de la tasa regular, *Grandes entidades.*

Los interesados en examinar el texto completo de la ley de patentes de Estados Unidos, enmendada y actualizada con la Reforma, pueden acceder el Titulo 35 del Código de Estados Unidos (Title 35 United States Code), disponible en línea en, http://www.uspto.gov/patents/law/index.jsp. Los interesados en leer el texto de las regulaciones del gobierno de Estados Unidos en materia de patentes, deben dirigirse al Código de Regulaciones Federales No. 37, Capítulo I (*Code of Federal Regulations,* No. 37, Chapter I), disponible en línea, también en la misma dirección electrónica. Las regulaciones que aparecen en el *CFR* están basadas en la ley y tienen el propósito de implementar más eficientemente sus disposiciones. En este libro, hacemos referencia a la ley de patentes en términos generales. Nos circunscribimos a lo que dice la reglamentación vigente. Lo que no hacemos es interpretar las mismas. Eso es competencia de los abogados dedicados a la práctica de patentes o la propiedad intelectual.

## La Oficina de Patentes y Marcas

La Oficina de Patentes y Marcas es la agencia federal encargada de procesar y conceder patentes y marcas. De su nombre deducimos inmediatamente que está organizada en dos grandes divisiones: patentes y marcas. Su función principal es la de administrar las leyes y los reglamentos de patentes y marcas de la nación. También, le sirve al Congreso y la Rama Ejecutiva de asesor técnico en estas materias. Promueve legislación y enmiendas a la legislación vigente para atemperarla a los tiempos. Negocia acuerdos, tratados, convenios y pactos con otros países y organizaciones internacionales en representación del gobierno de Estados Unidos. Juega un papel importantísimo en el desarrollo de política pública para asegurar que el espíritu inventivo, innovador y creativo estadounidense continúe prosperando.

En el ejercicio de sus operaciones diarios, la agencia evalúa solicitudes de patentes y marcas, y de éstas cumplir con la reglamentación vigente, conceder la certificación correspondiente. Mantiene un registro electrónico de más de ocho millones y medio de patentes que ha emitido desde el 1790. De igual forma, mantiene el registro nacional de marcas registradas de más de tres millones y medio desde el 1870. Ambos registros están disponibles en el portal cibernético de la agencia, para el público en general, en todas partes del mundo. En el 2014, la agencia concedió 300,678 patentes y 279,282 marcas registradas (estadísticas oficiales provista por la USPTO).

## Definición de una invención

Definimos invento como un producto, objeto, técnica, proceso, método o artículo de manufactura, que posee características novedosas e innovadoras, además de ser útil y funcional. Se trata de algo tangible nunca antes visto o conocido. Pudo haberse originado de una idea del intelecto humano, de un descubrimiento planificado o sin planificar, de cualquier otra patente o invento no patentado o de la observación para resolver un problema o cubrir una necesidad de la sociedad. Pero la característica fundamental es que ese algo debe haber sido producto de la creación humana; no de la naturaleza.

## Definición de inventor

Un inventor es la persona que crea, concibe, descubre o produce algo que no existía antes. Ese algo debe ser un invento nuevo, novedoso, original, útil y práctico. Generalmente, los inventores se subdividen en tres tipos: los independientes, los coinventores y los corporativos. A los primeros, pertenecen todos aquellos inventores que inventan por su cuenta; que no tienen ataduras con otras personas, entidades u organizaciones. Ellos ejercen el control total sobre sus invenciones. En el caso de que se expida la patente, el inventor independiente es el dueño absoluto y único de la patente. Es al que se le conceden los derechos de propiedad y de exclusividad que le confiere la ley.

Por otro lado, el coinventor o los coinventores son dos personas o más que han aportado significativamente a la concepción, creación y desarrollo de un invento. La contribución que aportan los inventores debe ser significativa; no puede ser meramente superficial ni esporádica ni únicamente monetaria. Los derechos de exclusividad y los privilegios de titularidad de la patente son compartidos en igualdad de condiciones entre todos los inventores. Ninguno de ellos poseerá más derechos que los otros. Además, todas las decisiones que se tomen, deberán hacerse por mutuo acuerdo y por consenso entre las partes. En el caso que una persona aporte dinero o sufrague una invención para aparecer como uno de los inventores, sin serlo, estaría incurriendo en fraude.

En tercer lugar, tenemos los inventores corporativos. Estos son inventores que trabajan como empleados en una compañía, entidad u organización, por lo cual reciben una compensación monetaria por sus servicios. Pueden estar constituidos por una persona, como también, por dos o más. Las invenciones creadas por estos inventores le pertenecen total y exclusivamente a la organización que los emplea, y no a ellos, individual o colectivamente. La razón es que, además de ser empleados y trabajar las horas y recibir la compensación acordada, también en el proceso utilizan el tiempo, los recursos, el equipo y las instalaciones de la organización. De expedirse una patente para lo que ellos han inventado, el propietario o titular *de facto* sería la empresa. Sin embargo, por ley, los nombres de cada uno de los inventores corporativos siempre aparecerán en el documento de patente como inventores, pues toda invención los debe tener. Pero la patente le corresponde a la organización para la cual ellos trabajan.

## Definición de una patente

Una patente es un documento oficial emitido por el estado. En nuestro caso, el gobierno federal de Estados Unidos a través de su agencia, la USPTO. El documento se emite a una persona física o jurídica a la que se le otorgan ciertos derechos sobre su invención. El documento de patente describe en detalle la invención: lo que es, lo que hace, cómo se usa, de qué se trata, sus partes, para qué sirve, cómo funciona y cómo se puede replicar. También describe su concepción y desarrollo, y define el alcance de los derechos particulares del inventor a luz de los reclamos que éste hace sobre su invento.

## La protección y los derechos que ofrece una patente

La protección que ofrece una patente es limitada. Tiene restricciones en términos de derechos, tiempo y geografía. En primer lugar, los derechos que proveen las patentes a sus titulares se circunscriben a excluir que otros le fabriquen, le mercadeen o le vendan su invento en Estados Unidos o lo importen, sin su autorización. Pero estos derechos tienen que estar enmarcados dentro de las particularidades que el titular de la patente reclama sobre su invención. La protección no es para todo el invento, sino que se limita a los reclamos que hace el inventor en su solicitud de patente. De los reclamos ser violados por terceros, se cometería una infracción a los derechos de exclusividad del titular de la patente, en cuyo caso, éste podría llevar a los infractores a los tribunales.

En segundo lugar, la protección que ofrecen las patentes en términos de tiempo, no es para siempre. Su vigencia se limita a 20 años para los modelos de utilidad y de plantas; y a 14 años para los modelos de diseño. Una vez estos periodos caducan, las patentes pierden su vigencia y no pueden ser renovadas ni extendidas. Como consecuencia, sus titulares pierden todas las protecciones, derechos y prerrogativas que por ley disfrutaban. Esto significa, que los inventores deben aprovechar al máximo el tiempo limitado que tienen para explotar comercialmente sus inventos y recuperar lo invertido. De no hacerlo en el tiempo permitido, la patente entonces pasa a pertenecer al dominio público y cualquier persona puede hacer con ella lo que desee.

En tercer lugar, la protección que ofrecen las patentes está condicionada por su geografía. Solo son válidas dentro de la jurisdicción geográfica donde se emiten. No hay tal cosa como patentes universales o internacionales. Todo depende del país que las concede. Si se desea protección en otros países, los interesados deberán solicitarlas directamente en las oficinas de patentes de esos países por separado.

Sin embargo, existe la alternativa de gestionar una solicitud internacional de patente a través de una de las oficinas de patentes de los países miembros del Tratado de Cooperación en Materia de Patentes (Patent Cooperation Treaty—PCT). Pero debe saber, que el PCT es un sistema de presentación de solicitudes de patentes y no un sistema para conceder patentes. La prerrogativa de emitir patentes se la reservan siempre los países individualmente. Para más información sobre el PCT, favor de leer el último capítulo del libro, que es dedicado a ese tema en particular.

## Responsabilidades del titular de una patente

Una vez la patente se emite, el titular de la misma tiene la responsabilidad de velar y de hacer valer los derechos que le confiere la ley. Pero sepa que nadie lo va a hacer por usted. Así que, no espere ayuda ni socorro de otras personas o autoridades. Ni de la USPTO ni del Departamento de Justicia de Estados Unidos ni de ninguna otra entidad pública o privada. El titular es el único que puede tomar esa iniciativa conjuntamente con su abogado. De no llevar a los transgresores al tribunal, el titular en efecto, claudicaría a sus derechos. Por lo que nada pasará. Es como si no tuviera patente alguna. El transgresor se habrá salido con la suya, y lo más probable, seguirá transgrediendo con total impunidad.

Además de velar y de hacer valer sus derechos una vez se emite la patente, el titular también tiene la responsabilidad de cumplir con la cuota de mantenimiento que impone la USPTO. Esto, para mantener la patente vigente y en su poder. Cada tres años y medio, durante los 20 años de la vida de la patente, el titular deberá enviar la cantidad de dinero requerida. De no hacerlo cuando le corresponde, se expone a perder su patente, así como todos los derechos adquiridos por ley. Este acto, también se podría considerar como de abandono de la patente, ya sea porque haya perdido interés en la misma o porque no puede cumplir con los costos de mantenimiento. Esta responsabilidad es solo válida para los titulares de los modelos de utilidad. No aplica a los modelos de diseño, como tampoco a los de plantas.

## Infracción de una patente

Una violación de patente puede ocurrir en una variedad de situaciones. Por ejemplo, cuando una persona viola el derecho de exclusividad de un titular al proceder a manufacturar, mercadear, vender o importar un invento patentado o uno igual no patentado, sin autorización. El invento en cuestión tiene que ser exactamente idéntico. No puede ser uno similar, asociado o parecido, porque de serlo, no hay caso. Además, la patente debe estar vigente. De lo contrario, tampoco habrá comisión de infracción.

La infracción también puede ocurrir cuando una persona contribuye, induce o incita a otra persona a cometer estas transgresiones. En efecto, se podría catalogar como el transgresor intelectual de la actividad ilícita. El que induce es tan criminal ante la ley como el que lleva a cabo el acto.

Otro caso de infracción se comete, y tal vez el más importante, cuando se transgreden directamente los reclamos o las reivindicaciones de una patente. Los reclamos son los argumentos que el inventor reclama que hace su invento de manera distinta, única y novedosa, en comparación con otros inventos y/o productos similares. Aquí es donde se define la invención con precisión. Donde se establecen las fronteras legales, los límites y alcances de la invención, en términos de la tecnología que presenta. Es la razón principal por la que se emite la patente y donde los tribunales enfocarán toda su atención para determinar violación.

Con lo anterior en mente, cabe señalar que el acto de infringir una patente no necesariamente aplica a todo el invento, ya que no todas las partes o elementos que lo componen están protegidas por ley, exceptuando los reclamos. Esto es así, porque los inventos generalmente incluyen elementos de otras patentes que las han precedido. En estos casos, las partes o elementos que pudieran ser comunes no se consideran determinantes ante la ley. Por lo que no se habría cometido el acto de violación.

## Los tipos de patentes

Ya en el capítulo anterior mencionamos de manera general los diferentes prototipos de patentes que existen. Cada uno de ellos atendiendo la variedad de inventos y sus tecnologías. En esta sección seremos más extensos. Comenzamos con las patentes o modelos de utilidad, luego seguimos con las patentes o modelos de diseño y terminamos con las de plantas.

### Las patentes de utilidad

Las patentes o modelos de utilidad se caracterizan por ser objetos, métodos, procesos, fórmulas, compuestos químicos, utensilios, aparatos, herramientas, equipos, instrumentos, enseres o máquinas que son nuevos y útiles. Esto es, que hacen algo y lo hacen bien; que llevan a cabo una función o procesos internos con un fin en particular; que son funcionales; que resuelven una necesidad. Es lo que gran parte de la gente relaciona con una invención, porque los otros tipos de patentes no son tan conocidos.

Los modelos de utilidad se desglosan en tres tipos o categorías: (1) los de naturaleza química, (2) los mecánicos, y (3) los eléctricos. Los de naturaleza química incluyen los compuestos, las composiciones y las mezclas de elementos o substancias químicas. Por ejemplo, las medicinas, los champús para el cabello, los jabones, las pastas dentales, las cremas para la cara, las bebidas de diferentes sabores, los plásticos, las pegatinas, los lubricantes sintéticos de motores, los detergentes de ropa, los limpiadores del hogar, y otros.

Las patentes de naturaleza mecánica se refieren a máquinas o aparatos que contienen piezas en movimientos sincronizadas, de manera que producen una función utilitaria. Normalmente, las utilizamos en el diario vivir en nuestras casas, lugares de trabajo o de entretenimiento. En este renglón, podemos mencionar los ventiladores, las licuadoras, los acondicionadores de aire, los abridores de latas, los automóviles, las cortadoras de césped, los paraguas, las rasuradoras, las fotocopiadoras, las secadoras de cabellos, y otros.

Por último, las patentes de naturaleza eléctrica, además de incluir todo lo que es intrínsecamente eléctrico no mecánico, también, incluyen las cosas electrónicas. Ejemplos de éstos son los móviles, las computadoras, las calculadoras, los televisores, los radios, los amplificadores de sonido, las cámaras fotográficas y las de videos, los proyectores de pantalla, por mencionar algunos.

El procesamiento de las patentes de utilidad puede tomar varios años, desde tres a cinco y hasta más. Esto es, desde el momento en que se presenta la solicitud en la USPTO, hasta el momento en que se concede la patente. Generalmente, esta demora es atribuida a la complejidad que presenta este modelo, comparados con los otros, y a los múltiples formularios que hay que cumplimentar. También, otro factor que incide en la demora es la congestión que existe en la agencia por la gran cantidad de patentes que recibe anualmente y la falta de personal con la que cuenta para atender esa demanda. Se espera que la Reforma a la ley de patentes corrija estos problemas.

## Las patentes de diseño

Contrario al modelo de utilidad, donde la protección que se obtiene es para los aspectos del funcionamiento interno de un invento, en los modelos de diseño, la protección es para los aspectos externos. Esto es, su apariencia física. En este caso, el derecho de exclusividad es para las líneas, los contornos, los colores, la estética, la forma, la textura, los materiales del producto y su ornamentación visual, tanto para la totalidad de la invención, como para las partes de la misma.

# CAPITULO II: PATENTANDO INVENTOS

Muchos inventos pueden cualificar para ambos tipos de patentes. Es por eso que un inventor puede solicitar una patente de utilidad para su invento, y al mismo tiempo, solicitar otra de diseño para la misma invención. Esto, en el caso que se quiera recibir protección, tanto para lo que hace el invento en su interior, como para la apariencia externa que presenta.

Ahora bien, y para complicar más el asunto, todo depende del grado de funcionalidad u ornamentación de un invento. Un examinador de patentes puede denegar una patente de diseño argumentando que las líneas y los contornos del invento son más funcionales que ornamentales. En este caso, se descartaría la posibilidad de una patente de diseño, y en su lugar, se solicitaría la de utilidad.

Tomemos por ejemplo, el diseño de un automóvil con líneas aerodinámicas, donde su carrocería provee poca resistencia contra la fricción del viento al deslizarse por la carretera. Además de las velocidades mayores que podemos obtener como resultado, el automóvil también utilizaría menos combustible en su funcionamiento, comparado con los que no tienen ese diseño. Para determinar qué tipo de patente sería más apropiado en este caso, nos podríamos preguntar, ¿qué le pasaría a la velocidad del auto y a la quema de combustible si le eliminamos las líneas aerodinámicas de su diseño? La contestación es obvia. El auto se deslizaría más lento por la carretera y quemaría más combustible. Por lo tanto, las líneas aerodinámicas poseen una función utilitaria preponderante. Bajo estas condiciones, podemos claramente deducir que su diseño es más funcional que estético, por lo que cualificaría más propiamente para una patente de utilidad.

Contrario a las patentes de utilidad, las de diseño no conllevan cuotas de mantenimiento durante su vigencia. La USPTO tiende a procesar éstas solicitudes más rápidamente. Se debe a que son menos complejas comparadas con las de utilidad. Desde la fecha en que se presenta la solicitud, hasta la fecha en que se emite la patente, pueden transcurrir de seis meses a un año, asumiendo que cumple con todos los demás requisitos de patentabilidad.

### Las patentes de plantas

Las patentes de plantas se conceden para cualquier invento o descubrimiento de plantas o variedad de plantas nuevas y distintivas, que son reproducidas asexualmente. El proceso de reproducción de la planta debe conducirse de manera artificial por la intervención humana. No puede ser por medios naturales como la polinización, como tampoco puede ser, por medio de la germinación de semillas que ocurre naturalmente en el ambiente.

La reproducción asexual implica que de una planta se puedan reproducir copias genéticamente idénticas indefinidamente, ya sea por la manipulación genética (clonación) o por medio de injertos, retoños, recortes u otras tecnologías aplicadas mecánica o manualmente. De esta manera podemos, por ejemplo, obtener protección para una nueva variedad de plantas ornamentales, con o sin flores, al igual que una variedad nueva de plantas frutales o de cualquier otra índole, siempre y cuando sean reproducidas asexualmente. Para cualificar para una patente, la planta en cuestión debe exhibir características especiales y únicas, nunca antes vista. De igual forma, debe distinguirse claramente de las variedades y especies existentes y conocidas.

Debido a su poca complejidad, la USPTO generalmente procesa estas patentes en alrededor de un año. Al igual que los modelos de diseño, las de plantas, tampoco conllevan cargos de mantenimiento durante su vigencia.

## Lo que no es una patente

Contrario a lo que mucha gente piensa, una patente no es un permiso o licencia que le otorga el estado a un inventor sobre su invención. Tampoco provee derechos ilimitados a su titular más allá de los estipulados por ley. Los derechos estipulados por ley solo se circunscriben a que el titular pueda excluir a otras personas de manufacturar, vender, mercadear o importar su invento a la jurisdicción estadounidense, sin su autorización. En este sentido, el estado le provee al titular un monopolio para realizar esas actividades.

Una patente tampoco es algo que se adquiere o se otorga automáticamente. Hay que solicitarla. El hecho que uno la solicite no quiere decir que se la van a otorgar automáticamente. Una solicitud de patente pasa por un proceso riguroso de análisis y evaluación, luego del cual, si cumple con los requisitos de patentabilidad especificados por ley, la patente pudiera otorgarse. De lo contrario, la petición sería denegada.

Las patentes pueden tener o no tener valor alguno en el mercado, dependiendo de lo que se haga. Si después del titular obtener la patente, no hace nada con ella, esto es, no la explota comercialmente, la misma no le servirá de nada. Se torna en una patente sin consecuencia. Su valor e importancia depende de su comercialización y el interés que genere el invento en el mercado, en los consumidores. Desafortunadamente, más del 95% de las patentes que se emiten en Estados Unidos, nunca llegan a nada.

## Determinando la patentabilidad de un invento

Todos los factores, condiciones y/o requisitos que inciden en la patentabilidad de una invención, están determinados por ley y los reglamentos que ha establecido la USPTO. Para cualificar, todo invento debe primero pertenecer a una de las clasificaciones de materia patentable apropiada y cumplir con unos criterios específicos de patentabilidad. Comencemos por la primera.

## Materia patentable

Las Corte Suprema de Estados Unidos ha establecido que todo o casi todo lo hecho por el ser humano tiene posibilidad de ser patentado. Lo inverso, también es cierto. Todo aquello que no es producido por el ser humano, no puede ser patentado. Esto quiere decir que para que un invento sea patentable, tiene que primero ser producto de la intervención humana, porque lo producido por la naturaleza o lo que ocurre naturalmente en el ambiente, no cualifica. De igual manera, la Corte Suprema ha determinado que tampoco cualifican las ideas, los conceptos y todo lo perteneciente al abstracto. Pues si no existe en el mundo real, lo que no está plasmado en un medio tangible, no puede cualificar.

La materia patentable incluye todas las categorías de invenciones que ha concebido el ser humano a través de su historia, los cuales están estrictamente reglamentados por ley. La ley estipula que los inventos deben pertenecer a una o más de las siguientes categorías:

- Inventos de procesos, de procedimientos o de métodos;
- Inventos de máquinas;
- Inventos de artículos de manufactura;
- Inventos de composición de materia o de composición química;
- Usos nuevos atribuidos a inventos existentes;
- Mejoras significativas a inventos existentes.

Todo lo que no forme parte de estas categorías, no tiene posibilidad de patentabilidad. Analicemos cada una de ellas en detalle.

### Inventos de procesos, de procedimientos o de métodos

En esta categoría se ubican las invenciones que tratan de una acción o una serie de acciones, actividades o pasos concretos, cuyo propósito es producir un resultado práctico y útil, si se realizan específica, sistemática y metódicamente de la forma que han sido formulados. En otras palabras, el invento consiste de unas instrucciones que culminan en una solución útil y práctica a un problema, necesidad o situación real. Como ejemplos, podemos mencionar un procedimiento médico para curar una enfermedad, los pasos para fabricar un producto o artículo de manufactura, los programados de informática ("software") y los métodos de negocios, que atienden diferentes aspectos operacionales de una empresa, entre otros.

De los ejemplos citados, estudiemos con más detenimiento la patentabilidad de los programados de informática, por las complejidades que presenta este tipo de invento. Un programado no es sino una serie de instrucciones o pasos lógicos escritos en un código—lenguaje de programación—que las computadoras entienden y ejecutan para lograr un fin. Esto es, resolver un problema, solucionar una situación real o atender una necesidad. Para ser patentables, además de otros requisitos, los programados deben producir resultados útiles, prácticos, concretos y tangibles. Es indispensable que cuando el programado se ejecute, haga algo que se pueda ver, sentir o se pueda mover o propiciar que una máquina, un aparato o un dispositivo realice una función práctica.

Ahora bien, aquellos programados que solo manipulan números o algoritmos por sí solos, sin ningún fin o función específica, no pueden ser patentados, ya que no producen resultados prácticos ni tangibles ni útiles.

Por otro lado, advertimos que los programados de informática, como inventos, todavía son muy controversiales, y en ocasiones, muy difíciles de que se conceda la patente. En muchos países del mundo, como por ejemplo los europeos, estos inventos no son patentables, como tampoco son patentables los métodos de negocio. Dada las controversias que generan, cada día que pasa, la USPTO tiende a denegar más la concesión de estas patentes. En enero de 2014, denegó en promedio un 24% de ellas, mientras que seis meses después, en julio, ese promedio había subido de forma dramática a 78% (Lee, 2014). Eso quiere decir que tres cuartas partes de las patentes de programación que se solicitan son rechazadas; no prosperan en la USPTO.

Se trata de un área de aguas turbias que se presta para muchas interpretaciones y donde no hay mucho consenso. También, es particularmente en esta área donde los pleitos legales abundan. En los últimos años, el costo de estos litigios va por los miles de millones de dólares y no hay tregua a la vista. Tal parece que en esta área, todo el mundo está llevando a la corte a todo el mundo. Cuando digo "todo el mundo," me refiero más bien a las multinacionales de alta tecnología. Dada estas circunstancias, se les recomienda a los programadores, como alternativa, buscar protección bajo la ley de derechos de autor o bajo la de los secretos comerciales. De todas formas, el inventor debe estudiar bien todas estas opciones con su abogado antes de radicar una solicitud de patente.

En cuanto a los inventos que consisten en métodos de negocio, es otro caso donde se dificultan las posibilidades de obtener una patente (Lee, 2014). Lo fundamental es, que el método que se elabore y para el cual se desee obtener una patente, atienda una gran necesidad o resuelva un problema de negocio o sea imprescindible para la operación de una empresa. Pero no solo deberá resolver un problema de negocio, sino que el resultado que se obtenga de ese método, tendrá que ser uno práctico, útil, concreto y tangible. Claro, siempre enfatizamos que este es uno de los muchos factores de patentabilidad que se toman en consideración durante el proceso de evaluación de una solicitud de patente.

## Inventos de máquinas

En esta categoría se ubican las invenciones que tienen que ver con los dispositivos, artefactos, aparatos, instrumentos y los mecanismos, entre otros, que realizan una tarea específica. Generalmente, las piezas en conjunto o los mecanismos internos que componen el artefacto, llevan a cabo movimientos sincronizados para realizar la tarea o trabajo para la cual fueron diseñados. Lo importante aquí son las piezas en sí mismas y no la actividad, aunque las tareas que se derivan del funcionamiento de las piezas del artefacto tienen que ser útiles, prácticas y tangibles. Ejemplos de esto son los automóviles, las fotocopiadoras, las impresoras, los tocadores de discos de video, las sillas de ruedas motorizadas y las aspiradoras, entre otros.

## Inventos de artículos de manufactura

En esta categoría se ubican las invenciones que son productos, efectos o artículos hechos por las manos del hombre o los manufacturados por máquinas. Se trata de materiales a los cuales se les dan nuevas formas, usos, propiedades o combinaciones de éstos. Los mismos deben tener un fin útil, práctico y tangible. Generalmente, estos son inventos simples que tienen pocas o ninguna pieza de movimiento interno como su característica principal. Mencionamos como ejemplos, los bolígrafos, los lápices, las herramientas de un carpintero, las sillas y mesas, los sacapuntas, los cubiertos de mesas, los contenedores para líquidos o sólidos, los cuadernos, y muchos otros.

## Inventos de composición de materia

En esta categoría se encuentran las invenciones de compuestos o agregados químicos de dos o más substancias que pueden ser de gases, fluidos, polvos o sólidos. También, se incluyen aquí compuestos de materiales, ya sea como resultado de una reacción química o mezcla de ingredientes, realizada manual o mecánicamente. Lo importante en esta categoría son las propiedades químicas del compuesto y no su forma, estilo o aspecto físico, como pudiera ser el caso de los inventos de manufactura. Ejemplos de inventos de composición de materia son el asfalto para las carreteras, los plásticos, las medicinas, los champuses para el cabello, los cosméticos, los desodorantes, las bebidas gaseosas, el aceite de motor sintético, los adhesivos y los insecticidas, por mencionar algunos.

## Usos nuevos para inventos existentes

En esta categoría se adscriben aquellas invenciones o tecnologías existentes, patentadas o no, pertenecientes a cualquiera de las categorías antes mencionadas, a las cuales se les han descubierto o se les pueden atribuir usos nuevos y diferentes que nadie antes se les había ocurrido, pensado o previsto. El factor importante aquí no es el invento o la tecnología en sí mismo, pues ya existe, sino en lo novedoso, inesperado o genial del nuevo uso o propósito para el cual también se puede utilizar. En todo caso, el uso alterno debe ser uno nunca antes visto, sospechado o existido, y no obvio ni evidente, para una persona con conocimientos ordinarios en la tecnología o materia de la invención.

Por ejemplo, en el caso la medicina Sildenafil, mejor conocida como Viagra®, los científicos de la compañía Pfizer la formularon originalmente para el tratamiento de enfermedades cardiovasculares, para lo cual se solicitó y se obtuvo la Patente No. US5250534, en el 1993. Sin embargo, mientras llevaban a cabo experimentos, sorpresivamente descubrieron que los pacientes varones experimentaban erecciones involuntarias. Luego de este descubrimiento inesperado e insospechado, la compañía solicitó una patente para ese mismo compuesto medicinal, pero para un uso diferente: el tratamiento de la disfunción eréctil. Fue así cómo, nueve años después, en el 2002, la Pfizer solicitó y obtuvo una segunda patente por la misma medicina (Patente No. US6469012). A la Viagra®, perteneciente a la categoría de composición de materia, se le pudieron atribuir dos usos diferentes y prácticos al mismo tiempo. Por lo tanto, satisfizo este criterio de patentabilidad, cualificando para dos patentes con el mismo compuesto (invento).

## Mejoras significativas a inventos existentes

En esta categoría se agregan aquellas invenciones, productos o tecnologías existentes, patentadas o no, pertenecientes a cualquiera de las categorías antes mencionadas, pero con la gran diferencia que se trata de mejoras o modificaciones significativas. Las mejoras significantes implican que un invento ha sufrido una transformación de su estado original, y esos cambios fundamentales, los han llevado a realizar nuevas y diferentes funciones, tareas, usos y/o resultados, cualificando así para una patente. Las mejoras o cambios pueden ser: (1) cosas que se le añaden a las invenciones, y (2), inventos que totalmente sustituyen lo ya inventado. Ejemplos de la primera pueden ser, la incorporación de nueva tecnología a un invento existente o añadiendo mecanismos más eficientes o en el caso de los compuestos químicos, añadiendo otras substancias químicas. Ejemplos de la segunda pueden ser, sustitución de materiales tales como metales, plásticos y otros, sustitución o combinación de compuestos químicos, donde como resultado se produce un nuevo invento.

Luego de establecer las diferentes categorías de materia patentable a las que deben pertenecer los inventos, discutiremos a continuación, los criterios de patentabilidad. Aquí la discusión se torna un poco más complicada.

## Criterios de patentabilidad

En adición a las categorías de materia patentable discutida en los párrafos anteriores, la ley de patentes reglamenta aún más lo que puede ser patentado, estableciendo ciertos criterios y/o condiciones de patentabilidad. La ley estipula cinco requisitos básicos que el invento debe satisfacer fuera de toda duda razonable. De fallar en uno de ellos, se pierde la posibilidad de que el invento sea patentable, en cuyo caso, no se debe solicitar la patente. Estos criterios son: (1) nuevo/novedoso, (2) funcionalidad/utilidad, (3) nivel inventivo, (4) aplicación comercial y (5) estado de la técnica.

### Nuevo / Novedoso

El primer criterio de patentabilidad que un invento debe satisfacer es el de nuevo, novedoso, único y nunca antes visto ni existido en ninguna parte del mundo. Para ser nueva, la invención debe diferenciarse física y estructuralmente de las demás, tanto en sus partes, piezas, componentes, forma, tamaño, composición, modo de operar y funcionalidad interna y/o externa. Estas diferencias pueden ser claves para que el invento haga algo mejor, más rápido, más seguro, más eficiente, más económico, más barato, y cosas así por el estilo, que los existentes.

Otro aspecto a considerar para establecer novedad es cuando elementos o componentes de otras invenciones son reorganizados, reconstituidos o combinados para crear un nuevo invento. No importa si esos elementos o componentes proceden de viejas o nuevas invenciones o productos. Lo importante aquí es que un invento así constituido es considerado nuevo y novedoso, muy diferente a los anteriores. Por lo menos, no es idéntico al original.

De igual forma, se podría establecer novedad cuando a viejas o nuevas invenciones o productos se les pueden adscribir resultados y uso nuevos y diferentes a los existentes. Pero tienen que ser usos sorprendentes e insospechados; nunca antes pensados, predecibles o descubiertos. El ejemplo que mejor ilustra este aspecto es la medicina Viagra, mencionada en la sección anterior. Si fuesen usos de fácil deducción, obvios y predecibles por cualquier persona, entonces, no se cumpliría con este criterio.

Y como último aspecto de novedad, la invención se considerará novedosa cuando no se encuentre en el estado de la técnica. Esto es, no existe otro igual e idéntico ni en la literatura ni en el mercado, patentado o no, en ninguna parte del mundo. El estado de la técnica es otro de los criterios de patentabilidad que discutiremos más adelante.

## Funcionalidad / Utilidad

El segundo criterio de patentabilidad que un invento debe satisfacer es el de utilidad. Esto quiere decir que el invento debe ser útil, práctico, que lleva a cabo una función concreta, que resuelve un problema, que hace algo y lo que hace, lo hace bien. Todo aquello que no sea útil ni práctico ni operable ni funcional, y que no pueda llevar a cabo la función para la cual fue diseñado, no cualifica para una patente bajo este criterio. Generalmente, podemos decir que este requisito no es problema para la gran mayoría de los inventos, pues casi todos tienen algún grado de funcionalidad y/o utilidad en ellos.

## Nivel inventivo (No evidente/No obvio)

El tercer criterio de patentabilidad a considerarse es el nivel inventivo de la invención. El invento deberá ser algo no obvio, no predecible o no previsible. Esto significa que lo que hace el invento o el problema que resuelve, no se le ocurriría fácilmente a un conocedor ordinario en la materia o la tecnología de la que el invento forma parte. Si lo que hace o resuelve la invención produce un resultado predecible, obvio, lógico, o evidentemente fácil de descifrar o de visualizar, entonces, el invento no es patentable. Todo invento que sea obvio o que produce resultados y usos predecibles, por definición, tampoco es novedoso.

Indudablemente, este es un concepto difícil de explicar e igualmente difícil de entender para la mayoría de las personas, incluidos los conocedores de la materia. Pero una explicación sencilla sería decir que si el invento hace cosas o produce resultados sorprendentes, asombrosos, inesperados, imprevistos e insospechados para aquellos entendibles en la materia, entonces, el invento cumpliría con el requisito de nivel inventivo, por lo que sería patentable. Claro está, siempre y cuando cumpla con los demás requisitos. Así que una invención, cuyo uso es de fácil deducción, no tiene posibilidad de patentabilidad.

## Aplicación comercial

El cuarto criterio de patentabilidad estipula que la invención debe tener aplicación comercial o industrial. Debe ser lo suficientemente atractivo y útil para que genere un mercado o una industria donde los consumidores se interesen por el producto, lo compren y lo utilicen. Todo lo que no tenga susceptibilidad comercial no tiene futuro, por lo que no vale la pena patentarlo. No le servirá a la sociedad, como tampoco al inventor, quién ante todo inventa por el potencial económico que le pudiera producir su invento.

Un aspecto fundamental relacionado a la aplicación comercial de un invento, es que este pueda ser reproducido fácilmente siguiendo los pasos, las instrucciones y los procedimientos estipulados en la patente. La USPTO así lo exige en la solicitud de patente y requiere, además, como condición a la concesión de la patente, que el inventor consienta a la divulgación pública del documento de su patente. De esta manera, cualquier persona que posea destrezas y conocimientos ordinarios en la materia o la tecnología de la invención, podrá replicar el invento y siempre obtener el mismo resultado que obtuvo el inventor. Cuando la patente expire, el invento entonces podrá ser manufacturado libremente por otras personas o entidades, y puesto a la venta en el comercio para el beneficio de la sociedad, pues ya forma parte del dominio público. Esto también fomenta la creación de nuevos y mejores inventos y tecnologías, así como nuevos usos comerciales para el mismo invento.

Además de lo anterior, otro propósito comercial que persigue la divulgación pública de los documentos de patentes es para que los mismos sirvan de fuente de ideas e inspiración y como modelos para otros inventos y otras patentes. Así se fomentan nuevos mercados e industrias y se desarrollan y se expanden las existentes. Con el solo hecho de realizar mejoras significativas a los inventos ya patentados o concebir nuevos usos para viejos inventos, cualquier persona pudiera conseguirse su propia patente. Como consecuencia, la tecnología se mejora, se renueva y se adelanta. Es la razón fundamental por la cual disfrutamos hoy en día de los adelantos tecnológicos que tenemos en el comercio.

**Estado de la técnica** (Arte previo)

El quinto y último criterio de patentabilidad atiende el estado de la técnica, la tecnología o el arte previo a la que pertenece el invento. Se trata del conjunto de conocimientos técnicos que se han divulgado, por los medios que sean, antes de la fecha de presentación de la solicitud de patente.

El conjunto de conocimientos existentes sobre una tecnología, incluye todos los inventos patentados, los no patentados, los que están en trámite de ser patentados, los que están o han estado en uso y disponible en el mercado, lo escrito en los libros, los artículos de revistas y de periódicos, todo lo que ha sido publicado o divulgado en otros medios y formatos, en cualquier parte del mundo. También incluye, cuando el inventor divulga su invención a través de una presentación o conferencia o concede una entrevista de prensa, radial o televisiva o se lo comenta a varias personas. El no formar parte de la técnica implica que el invento es nuevo. Esto es, no presenta características idénticas a los existentes. Por lo tanto, satisface cabalmente este requisito de patentabilidad.

Como comentario final, hemos visto cómo cada uno de los cinco criterios de patentabilidad atiende condiciones específicas que todo invento debe cumplir para cualificar. Al mismo tiempo, podemos además inferir, que existe una relación muy estrecha entre ellos. Se entrelazan los unos con los otros, hasta el punto que no se puede establecer una línea divisoria bien definida. Los unos inciden en los otros en una relación que le podríamos llamar, simbiótica.

Es por eso que al momento de evaluar el invento que nos proponemos patentar, a la luz de estos criterios, hay que verlos tanto colectiva como individualmente. De todas maneras, ellos constituyen los criterios de ley imprescindibles bajo los cuales un examinador de patentes evaluará y analizará su solicitud de patente. De cumplir con cada uno de ellos, las probabilidades de lograr la patente son muy buenas.

## Cosas que no son patentables

La lista de inventos y/o productos no patentables es grande y no pretendemos ser exhaustivos aquí. Las razones son varias. En muchos casos, el invento no es de la materia apropiada. En otros casos, no pasa la prueba de patentabilidad en términos de los criterios de utilidad, novedad, nivel inventivo, aplicación comercial o técnica previa. Otras razones pudieran ser, que se trata de una manifestación de la naturaleza o algo que existe naturalmente en el ambiente o que es del abstracto y no se encuentra en un medio físico. Así mismo, podemos seguir mencionando otros factores. Si el invento cae dentro de los siguientes parámetros, el mismo no es patentable.

- Fenómenos físicos.
- Leyes de la naturaleza.
- Ideas, pensamientos, procesos mentales, conceptos.
- Invenciones que no son útiles ni prácticas.
- Invenciones que no son nuevas.

- Invenciones cuyo uso son fáciles de deducir.
- Invenciones que no funcionan, no hacen lo que se supone que hagan.
- Mejoras leves, no significativas, a inventos existentes.
- Cosas que ocurren o existen naturalmente en el ambiente.
- Principios, fórmulas o ecuaciones matemáticas.
- Principios o fórmulas científicas.
- Teorías, hipótesis, teoremas, enunciados, especulaciones, conjeturas.
- Algoritmos que no llevan a cabo una función útil, práctica o tangible.
- Inventos que no son seguros; pueden causar daños a personas o la propiedad.
- Inventos creados para propósitos ilícitos.
- Armas nucleares, químicas o de destrucción masiva.
- Inventos que han sido público por más de un año o que han estado a la venta en el mercado por más de un año.
- Obras literarias, gramaticales, artísticas y musicales; esto lo cubren los derechos de autor.
- Dibujos, gráficas, pinturas, planos, esquemas, bocetos, fotos (cubierto por los derechos de autor).
- Marcas de fábrica, logos, logotipo, palabra, frases, símbolos (cubierto por las leyes de marcas).
- Recetas de cocina, fórmulas de bebidas, secretos comerciales (cubierto por las leyes de secretos de negocios).
- Inventos descritos deficientemente en los formularios de solicitud.
- Inventos que no son reproducibles por personas con conocimientos ordinarios en la materia o tecnología de la invención.

## Las personas que pueden solicitar una patente

Cualquier persona, ciudadano estadounidense o residente documentado e indocumentado de Estados Unidos, así como también, ciudadanos o residentes de otros países, en cualquier parte del mundo, pueden solicitar una patente ante la USPTO. No existen limitaciones en cuanto a la edad, género, raza, color, nacionalidad, sexualidad, preferencia sexual, origen étnico, condición física, discapacidad, condición mental, idioma que hable, esté cumpliendo tiempo en una institución carcelaria o cualquier otra característica, condición o situación. Inclusive, personas ya fallecidas pueden solicitar una patente a través de su abogado o el ejecutor de su testamento. Solo cuenta como requisito básico el que la persona que solicita una patente, personalmente o a través de su abogado o agente de patentes, sea el verdadero inventor de la invención.

## Las personas que no pueden solicitar una patente

Las personas que no pueden solicitar una patente, ya sea directa o indirectamente, son los oficiales y empleados de la USPTO. Tampoco pueden solicitar patentes para sí mismos, los abogados y agentes de patentes certificados por la USPTO. De igual manera, las personas que pagan para aparecer como inventores en las solicitudes de patentes o que falsamente se hacen pasar por inventores cuando en realidad no lo son. Cualquier patente otorgada por error a una de estas personas quedará automáticamente invalidada, revocada y anulada, cuando se descubra la infracción. Ante la ley, esto constituye fraude y falsa representación, por lo que los infractores tendrán que responder.

## Decidir si patentar o no patentar; esa es la pregunta

Solicitar la patente o no solicitar, es quizás la pregunta más importante que todo inventor tiene que plantearse en algún momento. Mientras más pronto lo haga y se decida, mejor. Para determinar si patentar o no es la ruta a seguir, el inventor debe contestar positivamente muchas preguntas, entre las que se encuentran las siguientes:

- ¿Tiene mi invención un buen potencial de venta en el mercado? ¿Es mercadeable? ¿Tendrá buena acogida? ¿Podré recobrar la inversión realizada al patentar?

  La contestación a esta pregunta implica que primero, usted debe realizar un estudio de mercadeo en el área geográfica en la que usted opera y planifica vender su invento. El objetivo es obtener datos concretos sobre el potencial comercial de su invención. Así podrá determinar con cierto grado de certeza, cómo proceder, dependiendo de los resultados del estudio.

El estudio de mercadeo lo puede realizar de manera informal usted mismo como inventor. Pero si desea hacer un estudio más formal y abarcador para tener un cuadro más completo de la situación, deberá contratar los servicios de una persona o entidad profesional que se dedica a esos asuntos. El directorio telefónico de su localidad le puede ayudar a identificar las personas o entidades que realizan estudios de mercadeo. También, puede contactar la Cámara de Comercio de su localidad.

Lo importante es averiguar de antemano el potencial económico y comercial que tiene su invención y el grado de interés que pudiera generar entre los consumidores o clientes potenciales. Si el estudio revela que su invento genera poca o ninguna acogida en el mercado, debe pensarlo dos veces antes de proceder a patentarlo.

- ¿Debo hacer una investigación de patente? ¿Existe ya ese invento patentado?

El hacer una buena investigación de patentes es de suma importancia ya que le ayudará a decidir si debe patentar o no. Prácticamente, todo inventor piensa que su invento es maravilloso y único en el mundo y que no hay otro igual, sin haber realizado la investigación correspondiente. Sin embargo, usted no tiene idea de los inventos que ya están en el mercado en otras partes del mundo o los que están siendo procesados en las oficinas de patentes de otros países. La investigación determinará si su invento o uno igual ya existe o si está siendo procesado. Bajo ambas circunstancias, no debe iniciar las gestiones para patentar, pues las probabilidades de lograr la patente no son favorables.

Pero debe saber como inventor, que usted mismo puede realizar una investigación preliminar de patentes sin que le cueste un céntimo.

Lo puede hacer accediendo la base de datos de la USPTO, que está disponible en línea las 24 horas del día, los siete días de la semana. También, puede hacer su investigación a través del portal de Google Patents u otro de los servicios disponibles en el Internet.

Ahora bien, aunque la investigación preliminar tiene su importancia, la misma no es suficiente para conocer el estado de la técnica referente a su invención. Por eso, es necesario que el abogado de patentes haga una investigación exhaustiva, que solamente él o ella puede llevar a cabo. Esto se debe a que la investigación exhaustiva incluye búsquedas muy especializadas en un sinfín de rincones alrededor del mundo. Destrezas que generalmente hablando, los inventores no dominan ni tienen idea de cómo hacerlas. Pero su abogado de patentes tiene el peritaje y la experiencia, por lo que debe dejar que él o ella lo haga por usted.

Más adelante, en el capítulo dedicado a las investigaciones de patentes, le decimos cómo hacer una buena investigación preliminar, paso a paso. De todos modos, el llevar a cabo la investigación de patentes antes de proceder a radicar la solicitud, le podrá ahorrar mucho dinero y dolores de cabeza. Decimos esto, porque de encontrarse algo similar o idéntico a su invento, se ahorraría los costos de patentarlo, más el tiempo que toma esas gestiones. Demás está decir que vale la pena.

- ¿Cumple mi invento con los criterios de patentabilidad en cuanto al estado de la técnica?

En esta coyuntura, damos por sentado que el lector sabe lo que es el estado de la técnica. Si luego de haber conducido una investigación de patentes exhaustiva, su invento no aparece como parte del estado de la técnica, entonces el mismo tiene buenas posibilidades de ser patentado, en lo que a este criterio respecta.

- ¿Cumple mi invento con los criterios de patentabilidad en cuanto a su novedad?

Si luego de la investigación se determina que su invento es nuevo, novedoso, único y no existe ni ha existido cosa igual en el mundo, el mismo cumpliría con este requisito de patentabilidad. Pero le advertimos, su invento debe diferir significativamente de los existentes en cuanto a su funcionalidad, composición, estructura, modo de operar, apariencia, uso y propósito, entre otras cosas.

- ¿En cuanto a su utilidad?

Si su invento es útil, práctico, funciona correctamente y lo que se supone que haga, lo hace bien, el mismo cumple con este requisito. El ser útil implica que suple una necesidad para la sociedad, que nunca antes se había atendido de la manera que su invento lo hace.

- ¿En cuanto a su nivel inventivo?

Si su invento produce resultados sorprendentes, los cuales no se le ocurriría fácilmente a un conocedor ordinario en la materia o la tecnología de la que su invento forma parte, el mismo cumple con este requisito. Pero si por el contrario, el invento hace cosas que son obvias, lógicas, predecibles o evidentemente fáciles de descifrar o de visualizar, entonces, el invento no es patentable.

- ¿Pertenece mi invento a algunas de las categorías o clasificaciones de materia patentable?

Lo más probable es que su invento pertenece a una o varias de las categorías de materia patentable estipuladas por ley, por lo que no tiene que preocuparse por este criterio. Esto es así, porque casi todo lo que el ser humano ha creado y es capaz de crear, automáticamente forma parte de la materia patentable.

## El tiempo que toma una solicitud de patente en ser procesada

Asumiendo que la invención es patentable bajo los criterios antes mencionados, el tiempo que toma una solicitud de patente en ser procesada, depende de muchos factores. Este tiempo se determina en base al momento en que se presenta la solicitud de patente ante la USPTO y se extiende hasta el momento en que se expide el documento de patente. En términos generales, puede conllevar de seis meses hasta cinco años o más.

Uno de los factores que incide en el tiempo que toma la solicitud de patente en ser procesada, tiene que ver con el tipo de patente. Las patentes de diseño y de plantas se procesan con más rapidez que las de utilidad. Generalmente, las patentes de diseño y de plantas se procesan en un periodo de seis meses a un año, mientras que las de utilidad toman el doble o el triple del tiempo. Otro factor, es la complejidad de la invención. Un invento complejo va a tomar mucho más tiempo en ser evaluado que uno menos complejo o más sencillo. Los inventos complejos siempre producen muchas interrogantes y controversias cuando están siendo evaluados por los examinadores de patentes, de manera que requieren una abundante interacción con los inventores o abogados o agentes para aclarar los asuntos.

Por último, mencionaremos el problema enorme que tiene la USPTO, en términos de la acumulación de solicitudes de patentes sin evaluar, debido a la insuficiencia de personal y al gran número de solicitudes que recibe anualmente. Esperamos que este tiempo se reduzca dramáticamente en los años venderos, como resultado de la implantación de la Reforma, que provee recursos presupuestarios para atender esta situación. Fue así que en los años del 2011 al 2014, la agencia pudo reclutar miles de examinadores de patentes para atender el problema de los atrasos. Aunque la situación ha mejorado notablemente, todavía no ha podido erradicar el problema en su totalidad. Por lo tanto, debemos estar conscientes que el procesar una solicitud de patente no se hará tan rápido como uno hubiese deseado. Todavía puede tomar muchos meses y hasta años, en lo que se emite el documento oficial de patente. Esto es, si la invención cumple con todos los requisitos y se pudiera otorgar la misma.

## Consecuencias de hacer público un invento previo a la solicitud

Contrario a lo que ocurre en la mayoría de los países del mundo, en Estados Unidos, un invento pudiera hacerse público antes de radicar una solicitud oficial de patente, bajo ciertas condiciones. Pero le anticipamos ejercer prudencia, porque pudiera traerle problemas a la hora de solicitar la patente, tanto en Estados Unidos, como en otros países donde esto no es permitido. La ley permite que sea el inventor el único que puede hacer la divulgación, pero debe hacerlo de forma limitada. Por ejemplo, el inventor puede dar una charla o una conferencia sobre su invención o escribir un artículo de revista o de periódico de limitada circulación, sin que con ello se exponga a perder la patentabilidad de su invención. Lo que no debe hacer es mercadear su invención, venderla públicamente, permitir que otros la usen o tratar de obtener algún lucro antes de presentar la solicitud de patente.

La antigua ley de patentes, en vigor hasta marzo de 2013, permitía todo esto de forma prácticamente ilimitada. Luego de esa fecha y al activarse la Reforma, se implantaron las limitaciones antes mencionadas. Por lo que el inventor deberá pensarlo antes de proceder. En todo caso, el inventor todavía pudiera tener un año, dependiendo de cómo lo haga, partiendo de la fecha en que el invento se hizo público por primera vez, para someter la solicitud formal de patente. De no hacerlo en ese periodo de tiempo, el invento pierde su patentabilidad.

De igual forma, en el caso que personas ajenas al inventor divulguen información sobre el invento, ya sea en publicaciones de amplia circulación como periódicos, revistas, libros o a través de medios de difusión como la radio, televisión o cualquier otro medio, el invento deja de ser patentable. Esto se debe a que una vez el invento se divulgue públicamente, no podrá cumplir con los requisitos de novedad, arte previo y el estado de la técnica, por considerarse existente y ya inventado.

Por lo tanto, es sumamente importante que el inventor conozca estos detalles. Lo recomendable es que mantenga el invento en secreto en todo momento y presente una solicitud de patente ante la USPTO lo más pronto posible. De esta manera, se eliminaría el riesgo del invento no ser patentable.

Esta información también es de especial interés para aquellos inventores que tengan intenciones de patentar en otros países bajo el Tratado de Cooperación Internacional en Materia de Patentes (PCT), en adición a Estados Unidos. Más adelante, dedicamos el capítulo V para explicar el Tratado, sus beneficios, implicaciones y limitaciones.

## Solicitud formal de patente

Una solicitud formal de patente es lo mismo que una solicitud no provisional. Antes del 1995, solo existía la solicitud formal, pero cuando la USPTO estableció la solicitud provisional para las patentes de utilidad y de plantas ese año, entonces, surgió la necesidad de denominar "no provisional" a la solicitud formal. Esto, con el propósito de distinguir la una de la otra. En la sección que le sigue a ésta, le decimos lo que es una solicitud provisional.

La solicitud formal, no provisional, se presenta ante la USPTO cuando el inventor está seguro que quiere patentar y tiene buenas posibilidades de lograr la patente. De lo contrario, no debe hacerlo. Consiste de un sinnúmero de formularios, todos muy complejos que hay que cumplimentar en el idioma inglés y en el argot de los abogados. Aunque no es mandatorio, la USPTO recomienda se contrate los servicios de un agente o abogado de patentes, debidamente certificado por esa agencia, para que lleve a cabo esa gestión por usted como inventor. Los abogados y agentes de patentes saben los formularios que hay que cumplimentar, además del lenguaje especializado que se requiere. Ellos también le pueden informar sobre las probabilidades de patentabilidad que tiene su invento.

Una vez la solicitud formal llega a la USPTO, la misma es estudiada y evaluada con rigurosidad por un examinador de patentes que es experto en la materia o la tecnología del invento. Luego que pasa por este proceso, el cual puede tomar meses y hasta años, y de la invención cumplir con los requisitos de patentabilidad, además de pagar los cargos correspondientes, la USPTO procederá a emitir el documento oficial. En cuanto a efectuar el pago de la solicitud, deberá saber que si lo hace de forma no electrónica, la USPTO le va a añadir un sobrecargo de USD$400. Se trata de una penalidad por no hacerlo electrónicamente a través de su portal cibernético.

Tan pronto como el inventor radique la solicitud formal, éste puede, si así lo desea, comenzar a mercadear su invento en el comercio. No tiene que esperar a recibir la patente en sus manos. También tendrá derecho a colocar en el invento la frase "PATENT PENDING" o "PATENT APPLIED FOR" en un sitio visible. Así le advertirá al público que ha radicado una solicitud de patente ante la USPTO, que la misma está siendo considerada, que el proceso de patentar su invento se encuentra en curso, y que usted se propone reclamar los derechos que le confiere la ley una vez reciba la patente.

Pasemos, entonces, a describir la solicitud provisional, que es la contraparte de la solicitud no provisional.

## Solicitud provisional de patente

Como apuntáramos, en el 1995, la USPTO comenzó a ofrecer a los inventores la opción de presentar una solicitud provisional de patentes para los modelos de utilidad y de plantas, más no así, para las de diseño. De su nombre se deduce que se trata de una mera solicitud la cual es de naturaleza temporera. Esta solicitud se mantiene como solicitud todo el tiempo de su corta vigencia, no se evalúa en sus méritos y no trasciende más allá de su estado de solicitud. Esto es, no pasa a la próxima etapa, que sería el proceso de evaluación y estudio por parte de un examinador de patentes. Por lo tanto, no hay consideración de patentabilidad alguna. Contrario a la solicitud no provisional, la provisional, nunca conduce a la otorgación o denegación de una patente, como tampoco sustituye a la primera.

El propósito de esta opción es proveerles a los inventores una manera fácil, simple, expedita y de bajo costo para establecer titularidad sobre una invención. También constata que el que radica es el inventor. Sirve, además, para que el inventor exprese su intención de eventualmente presentar la solicitud formal antes de que expire el tiempo permitido. De hecho, cuando uno solicita la provisional, es porque está seguro que luego va a radicar la no provisional. De lo contrario, no lo debe hacer. La provisional es tan fácil de cumplimentar, que los mismos inventores pueden completarla sin la necesidad de contratar los servicios de un abogado o agente de patentes.

CAPITULO II: PATENTANDO INVENTOS

El formulario es solamente uno, es muy escueto, requiere muy poca información, y no conlleva la utilización de un lenguaje especializado como ocurre con la no provisional. Más bien, lo que se pide es información de carácter general. Por ejemplo, el nombre del inventor, su dirección residencial y/o postal, la fecha de la solicitud, el nombre de su invento, una descripción breve del mismo y estampar su firma. Todo esto se hace, preferiblemente, a través del Internet y el inventor envía el pago requerido por este servicio, utilizando su tarjeta de débito o de crédito. Si no desea radicar su solicitud electrónicamente, lo podrá hacer en papel a través del correo tradicional, pero sepa que le va salir más caro, por la penalidad que impone la USPTO.

Otro atributo que tiene esta modalidad, y tal vez la más importante, es que establece la fecha de presentación para una solicitud formal en caso que el inventor decidiera finalmente proseguir con el proceso de patentar su invento. Si usted como inventor somete una solicitud provisional a la USPTO y meses después hace lo mismo con una solicitud formal, se considerará como oficial, la fecha en que la USPTO recibió su solicitud provisional, y no la fecha en que se recibió la solicitud formal. En efecto, su solicitud formal terminaría recibiendo prioridad de procesamiento sobre aquellas radicadas posterior a la fecha de presentación de su solicitud provisional. De esta manera, si la patente eventualmente fuese conferida, usted hubiese ganado tiempo al recibirla meses o años antes, en vez de meses o años después.

Además de establecer la fecha original de la presentación de una solicitud formal de patente, la solicitud provisional le permite al inventor promover su invención comercialmente y probar el mercado por el término de un año. Pero recordemos, esto es solo posible en Estados Unidos porque en otros países no es permitido. Por eso debe ejercer cautela, especialmente si piensa patentar en otros países. Al igual que ocurre con la solicitud no provisional, una vez se solicita la provisional, el inventor tiene derecho a colocar en su invento la frase "PATENT PENDING" o "PATENT APPLIED FOR."

Es importante indicar que la solicitud provisional no le confiere protección alguna al inventor, debido a que la protección solo se consigue con el documento oficial de patente ya en sus manos. Pero pudiera prevenir que todo aquel que tuviera intenciones de reproducir, comercializar o lucrarse de alguna manera de su invento, no lo haga o lo piense dos veces, por los riesgos

71

jurídicos que conlleva y las consecuencias futuras a las que se expone. Las consecuencias futuras incluirán, que en la eventualidad que usted obtuviese la patente, entonces, puede llevar a los transgresores ante los tribunales para hacer valer sus derechos de manera retroactiva.

Ahora bien, todo tiene su término y la solicitud provisional no es la excepción. Como hemos mencionado, el periodo de vigencia de una provisional es de un año. Luego de este periodo, la solicitud provisional caduca automáticamente y no se puede extender ni renovar ni obtener prórroga alguna. Esto quiere decir que antes de que expiren los doce meses, el inventor deberá someter la solicitud formal de patente ante la USPTO. De no hacerlo, su invento perderá toda posibilidad de patentabilidad y la perderá para siempre. Esto es así, porque el invento se considerará como parte del estado de la técnica, pues ya existe.

Otros países no tienen esta opción, que en términos reales se traduce en un periodo de gracia una vez se hace público su invento. Y la razón es, precisamente, porque se viola el importante criterio del estado de la técnica a la que pertenece el invento al dejar de ser algo nuevo. Por eso, aquellos inventores que piensan solicitar protección en otros países deben ejercer prudencia. Lo recomendable es no solicitar la provisional. En su lugar, deben ir directo a la presentación de la solicitud formal, tanto en la USPTO, como en las demás oficinas de patentes de los países en los que se desea protección.

## Las probabilidades de obtener una patente

Comencemos por decir, como lo hemos dicho a través de todo el libro, que nadie puede predecir con precisión las probabilidades que un inventor cualquiera pudiera tener para obtener una patente. Son muchos los factores que inciden, como por ejemplo, los requisitos de patentabilidad, aunque también inciden otros criterios.

En enero de 2014, apareció publicada una investigación sobre la probabilidad de obtener una patente de Estados Unidos (*What is the Probability of Receiving a U.S. Patent?*). El estudio fue comisionado por la USPTO. En la evaluación de 2.15 millones de solicitudes de patentes, entre los años 1996 al 2005, se concluyó que solo el 56% de las solicitudes culminaron exitosamente en la otorgación de una patente.

Entre los factores favorables, se menciona el tipo de tecnología del invento y el tipo de inventor que solicitó la patente. El estudio encontró que los inventos relacionados con los campos de electricidad y los electrónicos, los de naturaleza mecánica y los químicos, en ese orden, tuvieron la mayor probabilidad de éxito en ser patentados. Los menos afortunados fueron las medicinas y los equipos médicos.

Por otro lado, en cuanto al tipo de inventor con más probabilidades de obtener una patente, el estudio reveló que fueron las grandes corporaciones no estadounidenses y las estadounidenses, en ese orden. Mientras que los inventores independientes y las pequeñas empresas, tanto extranjeras como las estadounidenses, fueron las que tuvieron la menor probabilidad en patentar. Entre las posibles causales de estos hallazgos, se mencionan los recursos económicos, las instalaciones y el personal especializado (científicos y abogados) con los que cuentan las grandes corporaciones. Obviamente, los inventores independientes y las pequeñas empresas carecen de estos recursos, por los que sus probabilidades de patentar exitosamente disminuyen grandemente.

Es pertinente señalar, que el estudio solo cubre las solicitudes de patentes de utilidad, dejando fuera las de plantas y las de diseño. A pesar de los hallazgos, usted como inventor independiente no se debe desanimar. De hecho, como resultado del estudio y con el fin de corregir el desbalance existente entre inventores corporativos y los independientes, la USPTO ha iniciado una serie de programas que van dirigidos a ayudar a los inventores independientes, especialmente aquellos que son hispanohablantes.

Es por eso que en los últimos años, la USPTO ha estado realizando esfuerzos extraordinarios para incrementar la producción de todo tipo de literatura y materiales informativos en español. Esto incluye desde tutoriales, folletos, hojas informativas, opúsculos, videos, secciones de la página cibernética, hasta un número de teléfono de ayuda y consulta directa para inventores hispanos. Este servicio de consulta en español está disponible durante horas laborables, hora del este de EE.UU. Toda esta información la puede conseguir a través del portal cibernético de la USPTO, en www.uspto.gov y también, en la sección de Apéndices al final del libro.

## Los costos que conlleva solicitar una patente

Los costos para solicitar una patente dependen de muchos factores y solo se pueden determinar de forma aproximada. Periódicamente, la USPTO revisa la estructura de precios por los servicios que presta y publica los detalles de la misma en su portal cibernético. También, en cualquier momento, la agencia puede añadir servicios y cargos adicionales a los regulares como parte del proceso por los que factura.

En términos generales, los costos dependerán en gran medida, del tipo de patente que se solicita, los diferentes formularios que se radican, la complejidad y tecnología del invento, el número de reivindicaciones que contiene la solicitud, el tipo de inventor, el proceso de estudio, análisis y evaluación del invento que lleva a cabo la USPTO, la emisión del documento de patente, los cargos de mantenimiento de la patente, otros cargos que podríamos denominar como misceláneos y los servicios que rinden los abogados o agentes de patentes, entre otros.

Los costos asociados a los servicios que prestan los abogados o agentes de patentes se discuten por separado más adelante en el libro. Ellos no forman parte de la estructura de precios de la USPTO, por ser un asunto privado entre el inventor y el agente o abogado de patentes. La USPTO no puede, bajo ninguna circunstancia, determinar el costo de los honorarios de estos profesionales. En esta sección nos limitamos a lo que la USPTO pudiera facturar para patentar un invento, al momento de la publicación de este libro.

La lista de precios consiste de tres tarifas o tasas distintas que se establecen en base al estatus del inventor solicitante al momento de cumplimentar la solicitud de patente. No importa si se trata de una solicitud provisional o si es una no provisional. Las tres tasas son: *Grandes entidades*, *Pequeñas entidades* y *Micro entidades*.

La tasa *Grandes entidades* es la regular o tarifa completa; la más costosa. La tasa *Pequeñas entidades* representa un descuento de 50% con relación a la anterior. Y la tasa *Micro entidades*, representa un descuento adicional de 50% de la de *Pequeñas entidades* o un 75% de descuento de la tarifa regular. Veamos qué significan estas categorías y a quién o a quienes les aplica. Comencemos por la primera.

*Grandes entidades*—En esta tasa se agrupan los cargos regulares que cobra la USPTO a las grandes corporaciones, compañías y negocios que solicitan patentar sus inventos. Como estas compañías poseen grandes capitales y recursos económicos, la tarifa en esta categoría ha sido confeccionada para ser la más alta en comparación con las otras dos. Además de los grandes recursos que poseen, estas compañías se pueden dar el lujo de emplear a un sinnúmero de científicos e inventores para hacer investigaciones en sus instalaciones. La titularidad de las invenciones que generan estas personas le pertenece a la compañía y no a los inventores.

*Pequeñas entidades*—Esta tasa representa una reducción de 50% de la tasa regular. Se establece para proveer costos más razonables a los solicitantes que no tienen los recursos que poseen las grandes entidades, compañías o corporaciones. Para cualificar, el solicitante deberá cumplir con uno de los siguientes requisitos:

- Ser un individuo o persona.
- Un negocio pequeño que no emplee más de 500 personas.
- Una universidad o institución académica de educación superior.
- Una organización sin fines lucro u organización no gubernamental (ONG).

Por ejemplo, basado en la escala de precios de enero de 2014, el costo regular de una solicitud de patente provisional es de USD$260.00, mientras que si el solicitante cualifica para la tasa *Pequeñas entidades*, solamente pagaría USD$130.00. Las grandes compañías o negocios con más de 500 empleados, no cualifican para esta tarifa.

*Micro entidades*—Esta tasa es la más económica de las tres. Se establece en el 2011 como parte de la Reforma que se aprobó ese año.

El propósito es proveerle a los inventores independientes y otras entidades de pocos recursos, un descuento de hasta un 75% de la tarifa regular o un 50% de la tasa *Pequeñas entidades*. Para cualificar, el solicitante debe cumplir con cada uno de los siguientes requisitos:

- Cualificar para la tasa *Pequeñas entidades*.
- No haber sido nombrado en más de cuatro solicitudes de patentes previamente.
- Su ingreso bruto no debe ser mayor a tres veces el ingreso promedio en EE.UU., que es actualmente de aproximadamente USD$50,000 anuales, basado en las estadísticas del gobierno federal para el año 2014. Esto quiere decir que el ingreso bruto anual del solicitante, no debe exceder de USD$150,000 (50,000 x 3 = 150,000).
- No debe tener planes de asignar, vender, licenciar, rentar o conceder en franquicia, la patente a empresas grandes de más de 500 empleados. Si lo hace, entonces la tasa que le aplicaría sería la regular, *Grandes entidades*.

Siguiendo el ejemplo anterior, el costo regular de una solicitud de patente provisional en el 2014 es de USD$260.00, pero si el solicitante cualifica para la tasa *Pequeñas entidades*, pagaría USD$130.00, y bajo la tasa *Micro entidades*, solamente pagaría USD$65.00. Nuevamente, las grandes empresas y corporaciones con más de 500 empleados no pueden acogerse a esta tasa, como tampoco, a la de *Pequeñas entidades*.

## Los costos aproximados de mantener una patente

Después que el documento de patente se emite y se han pagado todos los cargos que ha facturado la USPTO, los mismos, no terminan ahí. Ahora comienza otra etapa en la vida de la patente. Para mantener activa su patente y en su poder, y para que usted como titular pueda seguir disfrutando los derechos de exclusividad que le confiere la ley, la USPTO requiere que se cumpla periódicamente con el mantenimiento de la patente. Esto quiere decir que cada cierto tiempo, durante los 20 años de la vigencia de la patente, el titular deberá enviar a la USPTO una cantidad determinada de dinero.

La USPTO ha establecido tres pagos de mantenimiento luego de haber emitido la patente. Estos pagos vencen a los tres años y medio, a los siete años y medio y a los once años y medio, de haberse otorgado la patente. En la escala de precios del 2014, para un inventor en la tasa *Micro entidades*, el cargo por mantenimiento a los tres años y medio es de USD$400. A los siete años y medio es de USD$900 y finalmente, a los once años y medio es de USD$1,850, para un total de USD$3,150. Podemos pronosticar que estos cargos incrementarán con el pasar del tiempo, aunque por el momento, la tendencia ha sido reducirlos, especialmente con la introducción de la tasa *Micro entidades*. Por otro lado, si el titular no envía los cargos correspondientes al momento de su vencimiento, se expone a perder la patente, así como los derechos que disfrutaba como resultado. La patente pasa a ser propiedad de la USPTO y la agencia puede disponer de ella según estime pertinente. En la mayoría de los casos la patente se pone en venta.

Curiosamente, la USPTO no envía notas de recordatorio cuando vencen los cargos por mantenimiento. Es responsabilidad del titular de la patente recordar el vencimiento de los mismos. La USPTO provee una "ventana" de seis meses, antes de la fecha de vencimiento para que los pagos se envíen a la agencia y puedan llegar a tiempo.

Ahora bien, la USPTO también provee un periodo de gracia de hasta seis meses después del vencimiento de los cargos, para cumplir con esta responsabilidad, de manera que el titular no pierda la patente. Sin embargo, esto conlleva un sobrecargo de alrededor de USD$75 en adición a la cuota que le corresponde pagar. Si los seis meses de gracia transcurren y la USPTO no recibe el pago con el sobrecargo, el titular pierde su patente para siempre y no hay reconsideración alguna para apelar el caso.

Antes de terminar esta discusión, es bueno señalar que al momento de contratar los servicios de un agente o abogado de patentes, asegúrese de incluir en los términos del contrato una cláusula para el cumplimiento de los cargos de mantenimiento de la patente. Ya sea que el abogado o agente le recuerde a usted la fecha del pago, a tiempo, o que ellos realicen estas gestiones por usted. Sin duda, esto conlleva honorarios adicionales que el abogado o agente de patentes le facturará. Pero es una forma de asegurar los pagos, para que se hagan y se hagan a tiempo, eliminando así el riesgo de perder la patente.

## Patent Pending / Patent Applied For

Las frases "PATENT PENDING" y/o "PATENT APPLIED FOR" son advertencias que los titulares que así lo deseen pueden colocar en los productos que tienen a la venta, siempre y cuando, se haya radicado una solicitud de patente ante la USPTO. Ya sea la provisional o la no provisional. Es requisito de ley indispensable para cualificar. De lo contrario, no debe utilizar las frases libremente, porque constituiría una utilización fraudulenta de las mismas, condenable por ley.

La advertencia tiene el propósito de notificar al público consumidor, pero más específicamente a los transgresores potenciales, que se ha presentado una solicitud de patente ante la USPTO para ese invento y que la misma está en curso. Se trata, más bien, de un disuasivo para que los transgresores potenciales lo piensen dos veces antes de proceder a manufacturar, reproducir, vender en el mercado o importar el invento, como si fuera suyo, sin la autorización del titular. En la eventualidad que se emita la patente, los transgresores podrán enfrentar consecuencias jurídicas retroactivas, si el titular decide llevarlos a los tribunales. Pero antes de llevar a un transgresor ante los tribunales, asegúrese de tener la patente en sus manos. De lo contrario, el tribunal no lo considerará.

## Abogados y agentes de patentes

La preparación de una solicitud de patente y su presentación ante la USPTO, es un proceso complejo que requiere vastos conocimientos de las leyes de patentes de la nación y de la manera en que opera la oficina. Este proceso requiere, además, conocimientos técnicos y científicos sobre los diferentes tipos de invenciones y sus tecnologías. Son innumerables los formularios que hay que cumplimentar y todos deben estar redactados en el "lenguaje" de los abogados. Precisamente, por las implicaciones jurídicas que suponen las patentes, la USPTO recomienda se contrate los servicios de un abogado o agente de patentes debidamente autorizado para representar al inventor en la radicación y trámite de una solicitud de patente.

A pesar de lo que recomienda la USPTO, debemos dejar establecido claramente que la agencia también reconoce el derecho que tiene todo inventor de realizar él o ella misma las gestiones de preparación y presentación de la solicitud, sin la intervención de un abogado o agente de patentes. Esto significa que el inventor tiene dos opciones antes de someter una solicitud de patente. Lo puede hacer él o ella misma o a través de un abogado o agente de patentes bajo contrato. Pero debe saber, que si escoge la primera opción y no está bien familiarizado con las leyes de patentes y/o con la "jerga" legal requerida en la redacción de los documentos, las probabilidades de lograr la patente disminuyen.

No obstante, si el inventor escoge la segunda opción, debemos señalar que no puede reclutar los servicios de cualquier abogado o agente. Tiene que ser un abogado o agente autorizado, certificado y aprobado por la agencia. De lo contrario, no le podrá ayudar en la radicación de la solicitud, como tampoco lo podrá representar ante la USPTO. Estos profesionales saben cómo confeccionar los documentos de patentes, de manera que sean lo más completo y atractivos posibles, para aumentar las probabilidades de que se conceda la patente. También, unos documentos bien redactados, en términos legales, pudieran producir patentes donde se minimicen las probabilidades de impugnación en los tribunales, una vez se publique la patente.

Ahora bien, en caso que exista algún problema con el trámite de la solicitud y la patente es denegada, cosa que pasa rutinariamente, su abogado o agente de patentes puede intervenir a su favor solicitando una reconsideración. En muchas ocasiones, con resultados positivos, resolviendo cualquier problema, obstáculo o disputa que haya surgido con su solicitud, lográndose finalmente la patente. Pero la USPTO simplemente no considerará ni aceptará solicitudes de agentes o abogados que no hayan sido debidamente certificados, como tampoco, establecerá comunicación alguna con ellos.

A diferencia de otros abogados o agentes, los de patentes tienen que pasar por un proceso de certificación, luego del cual podrán ejercer sus oficios ante la USPTO. Por ejemplo, los candidatos a la certificación deberán aprobar un examen para demostrar sus conocimientos y familiaridad con las leyes de patentes y sobre los aspectos técnicos y científicos de las invenciones. También, deberán poseer títulos universitarios en el campo de la ingeniería o las ciencias puras, además de ser personas honorables, éticas y que gozan de buena reputación en la sociedad. El examen es administrado por la USPTO.

Una vez hayan pasado por el proceso con calificaciones satisfactorias, la agencia le asigna un número de registro a cada uno de ellos y añade su nombre al registro nacional. Asegúrese, que antes de usted consultar o contratar un abogado o agente de patentes, pedirle el número de registro que le asignó la USPTO. De no tenerlo o no poderlo presentar, descarte inmediatamente sus planes de consultar o contratar a esa persona, ya que en este caso, no podrá hacer nada por usted.

Como habrá observado, hemos estado mencionando abogados y agentes de patentes indiscriminadamente. Posiblemente usted se estará preguntando, ¿en qué se diferencian? Y también querrá saber, ¿qué ventajas o desventajas tiene el uno sobre el otro, si algunas? En cuanto al proceso de presentar una solicitud de patente, que incluye la preparación de los formularios y las gestiones para someter la solicitud, entre otras cosas, ambos profesionales cumplen con los mismos requisitos y poseen las mismas capacidades, conocimientos y destrezas.

Sin embargo, los agentes de patentes, por no ser abogados, no pueden actuar en litigios de patentes, que es como usted hace valer sus derechos como titular de una patente. Esto es crucial, particularmente, en el caso que su patente sea impugnada en los tribunales. Tampoco, este profesional podrá desempeñar diversos otros servicios legales propios del ejercicio de la abogacía. Por ejemplo, un agente de patentes no puede formular contratos relacionados con la venta, traslado, renta, cesión, licencia o franquicia de patentes, ya que estas actividades son inherentes al ejercicio de la abogacía. Sin embargo, el abogado de patentes tiene la ventaja que usted puede utilizarlo en estas transacciones, al igual que en un sinnúmero de otras gestiones legales, que el agente de patentes está impedido de hacer.

En cuanto a los detalles asociados a la contratación de abogados o agentes de patentes, y usted no sabe qué hacer, cómo conseguirlos o quién es "mejor," le decimos lo siguiente. Lo recomendable es que usted haga una lista de ellos y los entreviste individualmente, uno por uno, para conocerlos personalmente y sin compromiso. Así, usted podrá escoger aquel con el cual piensa tiene buena química o se lleve mejor o le haya impresionado de alguna manera. Para obtener el nombre, la dirección y el teléfono de los abogados y agentes de patentes autorizados en su jurisdicción, debe acceder el registro que mantiene la USPTO en su portal cibernético, www.uspto.gov. También, puede hacer una búsqueda general en el Internet, con su navegador favorito, utilizando el término "registered patent attorneys and agents." De seguro que le aparecerán cientos de resultados. Luego, los podrá limitar a los que ejercen en su jurisdicción.

Por otro lado, si no tiene Internet y/o no puede acceder el portal cibernético de la USPTO, una alternativa es consultar con aquellos inventores que usted conozca en su área, a ver si le pueden ofrecer buenas referencias de tal o cual abogado o agente basado en sus experiencias personales. En adición, pudiera consultar el directorio telefónico local o el de su región. Este recurso es muy útil ya que, generalmente, tiene una sección dedicada para estos propósitos. De igual manera, muchos profesionales compran anuncios para ofrecer sus servicios a través de las páginas amarillas del directorio.

Otras opciones pudieran ser contactando las asociaciones locales de abogados y agentes de patentes, así como asociaciones de inventores o los centros de recursos de información de patentes a través de los estados y territorios de Estados Unidos. Pero debe tener claro, que esas gestiones las tiene que realizar usted mismo, porque la USPTO no puede ni es su función, hacer recomendaciones, como tampoco puede ayudarle en la selección de estos profesionales.

Una vez el inventor decide solicitar la patente y haya contratado los servicios de un abogado o agente de patentes, se deberá notificar a la USPTO el nombre y número de registro del representante, mediante carta, poder o autorización. Esta notificación formará parte de los documentos de la presentación de la solicitud de patente que preparará el abogado o agente. El inventor no tiene que preocuparse por estos detalles. Pero de ahí en adelante, la USPTO no se comunicará directamente con el inventor, sino con su abogado o agente, ya que éste actúa a nombre de y en representación del inventor. Dicho esto, el inventor siempre tiene la libertad y el derecho de dirigirse personalmente a la USPTO para preguntar por el estado de su solicitud, cuando así lo estime oportuno. El inventor puede, además, cambiar de abogado o agente en cualquier momento, revocando así la autorización previamente radicada en la USPTO.

De haber quejas o señalamientos de conducta inapropiada por parte de los abogados o agentes de patentes, la oficina tiene el poder de suspender o destituir a cualquiera de éstos de su práctica, luego de una vista o proceso judicial en el que hayan sido declarados culpables. Si usted o cualquier otra persona tiene quejas contra uno de estos profesionales, y la puede documentar con evidencias, la oficina las recibirá con mucho gusto y de inmediato procederá a actuar en los casos que así lo ameriten.

En cuanto a los honorarios que cobran los abogados y agentes por sus servicios profesionales, ellos tienen completa libertad de establecer sus propias tarifas y condiciones. No existen honorarios fijos ni establecidos. En ausencia de una reglamentación al respecto, cada abogado o agente establece lo que considera apropiado desde su perspectiva. La USPTO no tiene injerencia en estos asuntos, ni puede intervenir a favor de los inventores. Simplemente, el inventor está a la merced de la oferta y la demanda en el mercado. Ahora bien, si usted posee buenas destrezas de negociación y/o persuasión, sin dudas, esto le ayudará a conseguir un contrato más favorable y menos costoso. Lo inverso también será cierto. A fin de cuentas, todo es negociable y es por eso que cada caso es único, diferente y no comparable a los demás. Pero si usted piensa que le están cobrando excesivamente, recuerde que siempre tiene el derecho de cambiar y escoger otro abogado o agente que le sea más económico.

Más concretamente hablando, lo que facturan los abogados o agentes de patentes depende de muchos factores. En primer lugar, depende de las horas, días y semanas que éstos le han dedicado a sus asuntos. En segundo lugar, de la complejidad de su invento. Un invento más complejo le va a salir más costoso que uno menos complejo. En tercer lugar, del número de formularios que hay que cumplimentar. Y, en cuarto lugar, de las tasas de la USPTO vigentes al momento de radicar la solicitud. En términos generales, podemos decir que un abogado o agente de patentes le podría facturar entre USD$5,000 a USD$7,000 para una invención simple. Para una invención moderadamente compleja, entre USD$10,000 a USD$12,000, y para una invención sumamente compleja, USD$15,000 en adelante.

Nuevamente, enfatizamos que estas cifras son una aproximación y varían grandemente de abogado en abogado, de agente en agente, así como de región en región. Hacemos este ejercicio solo para que el lector tenga una idea de los honorarios de los abogados o agentes de patentes.

## Condiciones bajo las cuales se pueden perder los derechos de una patente

Los derechos y la titularidad de una patente no son absolutos ni están garantizados, por lo que si no se toman las debidas precauciones, se pueden perder en un instante. Puede ocurrir aun cuando la patente no haya expirado. A continuación, algunas de las razones:

- El titular pierde interés y por cuenta propia abandona la patente.
- La patente fue conferida a una persona que no era elegible en derecho.
- Cuando no se paga la cuota de mantenimiento en su vencimiento.
- Cuando un tribunal declara la patente nula e inválida.
- Cuando el titular de la patente comete actos ilegales y fraudulentos en conexión con su patente.
- Cuando en la práctica, el invento no se puede replicar según descrito en la solicitud, ni hace lo que se reclama, ni funciona como descrito.
- Si luego de la otorgación de la patente se descubre que el invento no era nuevo ni novedoso ni único, porque ya existía al momento de solicitar la patente.
- En la fecha en que expira la patente.

## Algunos mitos, leyendas y/o falacias sobre las patentes

### Las patentes tienen un valor intrínseco incalculable.

Falso. Las patentes no tienen valor intrínseco alguno. Su valor depende del potencial económico que el invento pueda generar en el mercado. Todas aquellas invenciones patentadas que no se pueden comercializar, por las razones que sean, o que no producen ganancias para sus dueños, no tienen valor alguno.

**La USPTO conduce pruebas para ver si el invento funciona como descrito en los documentos de patente.**

Falso. La USPTO no realiza pruebas para verificar si los inventos que evalúa funcionan según descritos en las solicitudes de patentes. Se supone que los inventos funcionen acorde con la descripción suministrada en los documentos que se radican.

**Es requisito enviar un prototipo del invento a la USPTO al momento de solicitar la patente.**

Falso. La USPTO no requiere prototipo del invento cuando se solicita una patente, como tampoco lo requiere en ninguna de las etapas del proceso de patentar.

**Podemos obtener una patente provisional válida por un año.**

Falso. No hay tal cosa como una patente provisional. Lo que existe es una solicitud provisional de patente, que no es lo mismo que una patente provisional. Se trata de una solicitud y no de una patente. Una solicitud provisional se gestiona cuando el inventor tiene planes de someter una solicitud formal. Tiene un año para hacerlo.

**Lo primero que debo hacer con una idea es patentarla.**

Falso. Las ideas no son patentables. Todo aquello que pertenece al abstracto, como las ideas y los conceptos, no es patentable. Uno de los requisitos de patentabilidad es que el objeto en cuestión este plasmado en un medio tangible. En otras palabras, para que la idea sea patentable, tiene que primero dejar de ser idea y convertirse en algo físico, real y práctico.

**Una patente de Estados Unidos es válida y honrada en todos los países del mundo.**

Falso. Las patentes son válidas y honradas sólo dentro de las fronteras de los países que las conceden. No hay tal cosa como una patente internacional. Tampoco existe protección internacional de patentes.

**Es imperativo patentar todo invento o producto.**

Falso. La gran mayoría de los inventos y/o productos en el mercado nunca han sido patentados. Además, la patente no es el único modo de protección que existe. El inventor puede recibir protección a través de los otros tipos de propiedad intelectual, como los derechos de autor o los secretos comerciales.

**Una patente protege mi invención para siempre.**

Falso. Este mito es doblemente falso. Primero, la protección que se obtiene con una patente es por tiempo limitado y no hay renovaciones ni extensiones una vez expira la misma. Segundo, la patente no protege la invención como tal, sino que le provee al titular el derecho de excluir que otros se lucren con ella.

**Tener una patente previene que otros me roben el invento, lo manufacturen, lo vendan o lo importen a EE.UU.**

Falso. Las patentes por sí solas no previenen que otros se roben el invento, lo manufacturen, lo vendan o lo importen al mercado estadounidense. Si el inventor no hace nada para hacer valer sus derechos, nada pasará. Tampoco el gobierno le ayudará a defender su patente. Los derechos de patentes son validados en los tribunales. Para hacer valer sus derechos, el titular de la patente tiene que primero identificar a los infractores y acusarlos ante los tribunales.

**Tener una patente es necesario para vender mi producto en el mercado.**

Falso. La gran mayoría de los productos en el mercado nunca han sido patentados. No es requisito para vender.

**El tener una patente asegura el éxito de mi producto en el mercado.**

Falso. Solo alrededor del dos por ciento de los productos patentados han resultado exitosos en el mercado. Esto quiere decir que los restantes 98% nunca alcanzaron el éxito esperado. Además, y como hemos mencionado, los productos no tienen que estar patentados para venderse exitosamente en el mercado.

**Si mi invento no aparece en el mercado, es que nunca ha existido. Eso quiere decir que lo puedo patentar.**

Falso. Puede que su invento no exista en el mercado local que usted conoce, pero usted no sabe si existe o ha existido en otros mercados del mundo. Si su invento o uno similar ya existe o ha existido en otras partes del mundo o si ha sido mencionado en cualquier publicación o medio, esa invención automáticamente deja de ser patentable. Por eso es importante hacer una buena investigación de patente.

**Una patente es algo que se obtiene rápido y cuesta muy poco.**

Falso. Una solicitud de patente es algo que puede tomar años en ser procesada. Su otorgación no es automática. La mayoría de las solicitudes son denegadas. Los costos pueden ser altos—desde USD$5,000 en adelante—dependiendo de la complejidad del invento, conjuntamente con muchos otros factores.

# Capítulo III

# Cómo Leer un Documento de Patente

ANTES DE DISCUTIR LO QUE CONLLEVA una investigación de patentes, que es el tópico de nuestro próximo capítulo, es necesario conocer y familiarizarnos con las secciones que componen un documento de patente de Estados Unidos. Se trata de la anatomía de ese documento; sus partes, las divisiones que tiene, el significado de cada una de sus secciones, el significado de los códigos y símbolos que contiene, cómo leerlo, qué tipo de información nos provee, qué segmentos son más importantes, cómo verlos analíticamente y cómo extractar la información relevante que necesitamos.

Algunos lectores podrían preguntarse, ¿por qué es importante saber leer un documento de patente? La contestación es sencilla. Porque nos ayuda a leer esos documentos más eficientemente y extractar la información que verdaderamente necesitamos en el menor tiempo posible. ¿Qué relación tienen los documentos de patentes con la investigación de patente? La investigación nos va proveer innumerables documentos de patentes, por lo que debemos saber qué hacer con ellos. A fin de cuentas, mientras más familiarizados estemos con el contenido y la organización de esos documentos, más exitosa, pertinente y productiva va a ser nuestra investigación.

## Las secciones importantes de un documento de patente

El documento de patente estadounidense tiene muchas semejanzas con los de otros países. Sin embargo, esto no quiere decir que son exactamente iguales. Varios convenios y acuerdos internacionales, a través de los años, han tratado de uniformizarlos hasta donde sea posible, pero todavía no podemos decir con certeza que ese objetivo se haya logrado en su totalidad. De todos modos, todo depende de las oficinas de patentes nacionales. La última palabra siempre la tienen esas oficinas que deben cumplir con la normativa existente en sus respectivos países. Lo cierto es que conociendo las secciones del documento de patente estadounidense, le facilitaría a cualquier persona navegar muchos otros documentos de patentes pertenecientes a otros países y obtener la información deseada.

Pasemos, entonces, a describir el documento de patente que emite la USPTO. Consiste de cuatro secciones principales, todas formuladas de manera uniforme, bien definida y distintiva, la una de las otras:

- En primer lugar, se encuentra *la portada* o primera página ("The Cover Page"), donde se presenta información bibliográfica sobre la patente y el/los inventores;
- En segundo lugar, aparecen *los dibujos* ("The Drawings"), donde se ilustra de manera gráfica los detalles del invento;
- En tercer lugar, *las especificaciones* ("The Specifications"), donde se describen textualmente los detalles de la invención;
- Y, en cuarto lugar, *las reivindicaciones* o *los reclamos* ("The Claims"), que hace el inventor sobre su invento. Esta es la sección más importante porque es donde se establecen los límites y el alcance de los derechos jurídicos de la patente.

Para la discusión que sigue, utilizaremos la Figura 3-1, como referencia.

**La portada** ("The Cover Page")

Comencemos por la portada, también conocida como la primera página, página principal o página de título. Esta página presenta información que es esencialmente de carácter bibliográfico. Por ejemplo, aquí encontrará el título de la patente, el número de la patente, el nombre del inventor o los inventores, la fecha en que se emitió la patente, la fecha de solicitud de la patente, el nombre del titular o dueño asignado, la clasificación de la patente, un resumen describiendo la invención y mucha información adicional que más adelante especificaremos.

Lo primero que notamos al ver la portada de un documento de patente son unos números que se encuentran en paréntesis a través de toda la página. Estos números identifican el contenido o dato bibliográfico de las secciones de la página y se conocen como el Código INID (Identificación Numérica Internacional de Datos [Bibliográficos]). Todas las oficinas de patentes del mundo han adoptado este mismo código en sus documentos de patentes, de manera que, independientemente del país de origen o del idioma en que se encuentre escrita la información, cualquier persona puede obtener el dato deseado con facilidad. Por ejemplo, el código 12 identifica el tipo de publicación, que en nuestro caso se trata de una patente de origen estadounidense; el código 45 representa la fecha cuando la patente fue concedida; el código 54 indica el título de la patente; y el código 75 está reservado para el nombre del inventor o los inventores.

Existen códigos adicionales pero no vamos a enumerarlos todos aquí. Solo nos limitaremos a señalar algunos de ellos, los más importantes, según vamos describiendo las secciones del documento. De todos modos, lo fundamental es saber su significado, la función que hacen y el propósito que tienen. En resumidas cuentas, debemos recordar que cada tipo de información o dato tiene asignado un número de código y que todos los documentos de patentes de todas las oficinas de patentes del mundo los utilizan. En esencia, se trata de un estándar internacional bien establecido para identificar datos en un documento de patente. Pasemos ahora a describir cada una de las secciones de la portada, navegando la página de izquierda a derecha, de arriba hacia abajo.

Al tope de la página, encontramos de forma prominente una barra, que al rastrearse, nos provee información del país que emite el documento, seguido del número de la publicación. Esto es, el número de la patente. La USPTO comenzó a usar barras en sus documentos de patentes a partir del 1992. Es por eso que antes de esa fecha los documentos no los tienen.

En la figura 3-1, la barra contiene la siguiente información: US008622166B1. El US es el prefijo que indica el país de procedencia y el 8,622,166, es el número de la patente. En este caso, es un modelo de utilidad. El B1 es el sufijo que categoriza el tipo de documento. Traducido al lenguaje común, la codificación en barra nos indica que se trata de un documento de patente de utilidad de Estados Unidos, que tiene asignado el número 8,622,166 y cuyo sufijo B1 significa que es una patente no previamente publicada. En ocasiones, los documentos de patentes son republicados si se encuentran errores ortográficos o de data en ellos. En estos casos el sufijo sería B2.

¿Cómo sabemos que lo descrito anteriormente solo aplica a las patentes de utilidad y no a los otros modelos? Bueno, si en el código de barra no aparecen letras después de la designación del país emisor, pero antes del número de la patente, eso significa que se trata de un modelo de utilidad. Sin embargo, la situación cambia para los otros modelos. Para las patentes de plantas se insertan las letras PP en el lugar indicado y para las de diseño, la letra D. Utilizando el mismo número de patente como ejemplo, si fuese una de planta, leería US00**PP**8622166P1 y si se tratase de una de diseño, entonces, leería US00**D**8622166D1. Lo demás se queda igual.

Nuevamente, leyendo el documento de patente de izquierda a derecha y de arriba hacia abajo, encontramos las siguientes secciones con sus respectivos Códigos INID. Advertimos, la presentación de los códigos no está organizada por secuencia numérica, sino por el orden en que aparecen en el documento de patente. También debemos señalar, que no vamos a presentar todos los segmentos del documento, sino aquellos de mayor relevancia para una investigación de patentes. El Código INID aparece en paréntesis según se presenta en el documento, seguido de la explicación del mismo. Veamos:

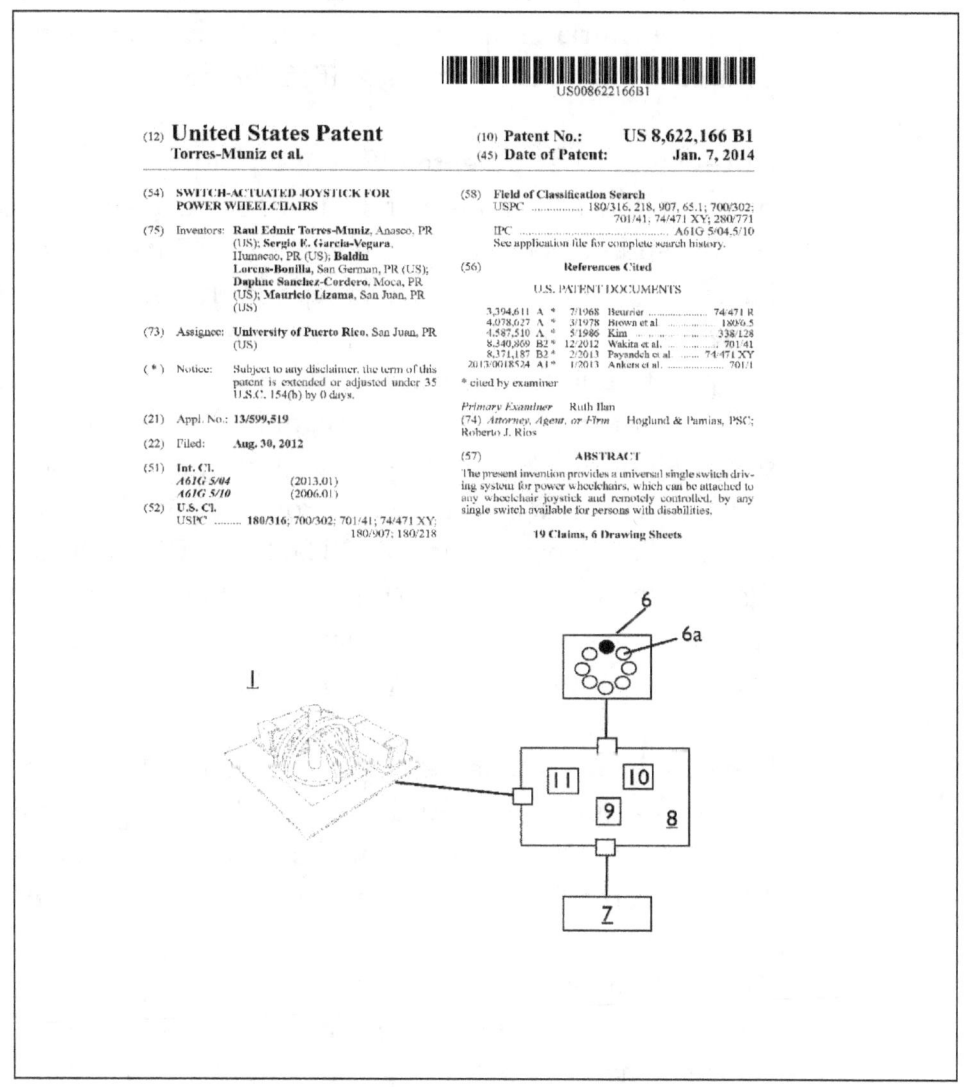

Figura 3-1: Portada o primera página de un documento de patente. Los números en paréntesis son los del Código INID.

**[12]—Tipo de documento** ("Document Type"). En nuestro caso, se trata de un documento de patente de utilidad de Estados Unidos—United States Patent. Si fuese una patente de plantas la información leería, United States Plant Patent y si fuese una de diseño, la información leería, United States Design Patent. Nótese que inmediatamente después se incluye el apellido del inventor. En los casos donde existiesen dos o más inventores, solo se incluiría el apellido del primer inventor, seguido de la palabra en latín "et al," que significa, "y otros."

**[10]—Número de patente** ("Patent Number"). Los números de patentes son asignados por la USPTO de manera secuencial, comenzando con el número uno. Para el 15 de julio de 2014, se había llegado al 8,782,811, o mejor dicho, la patente número 8,782,811. En el documento, el número de patente está compuesto por cuatro secciones. Un prefijo que va a denotar el país de origen de la patente, seguido por el tipo de patente, seguido por el número de patente y terminando con un sufijo donde se cualifica el documento. Por ejemplo, el número de una patente de plantas sería US **PP**8622166 P1, si fuese una de diseño, sería US **D**8622166 D1 y si fuese una de utilidad, entonces, no tendría letras asignadas después del prefijo y aparecería simplemente como US 8,622,166 B1.

**[45]—Fecha de la patente** ("Date of Patent"). Esta es la fecha en que la patente fue emitida por la USPTO y representa el comienzo de los derechos que le confiere la ley al titular. También representa la fecha en que la patente se hace pública.

**[54]—Titulo de la patente** ("Patent Title"). Aquí se encuentra el título completo de la patente. El título debe ser lo suficientemente significativo y descriptivo como para dar una idea de la invención, aunque esto no es necesariamente cierto en todos los casos. En ocasiones, los inventores o el abogado de patentes ponen títulos de manera subjetiva y arbitraria que nada tiene que ver con el invento propiamente.

**[75]—Nombre del inventor o los inventores** ("Inventors"). Aquí se indica el nombre completo del inventor o el de los inventores, con sus respectivos lugares de residencia. El orden en que aparecen los nombres en el documento lo deciden los inventores al momento de radicar la solicitud de patente.

**[73]—Titular o cesionario de la patente** ("Assignee"). Aquí se indica el nombre y la dirección residencial del titular de la patente. Generalmente, este es el nombre y dirección de la empresa para la cual trabajan los inventores. La titularidad de los inventos generados por empleados de una empresa, en el desempeño normal de sus funciones, le corresponde a la empresa y no a los inventores. En el caso de inventores independientes, la titularidad de la patente le corresponde a éstos solamente. En esta última instancia, el campo se hace innecesario y por lo tanto, no aparecerá en el documento.

**[21]—Número de la solicitud de patente** ("Application Number"). Aquí se incluye el número de serie de la solicitud de patente. Este número es asignado por la USPTO cuando recibe la solicitud y consiste de seis dígitos organizados de forma secuencial.

**[22]—Fecha de presentación** ("Filing Date"). Esta es la fecha en que fue presentada o radicada la solicitud de patente ante la USPTO.

**[51]—Número de clasificación internacional de patente** ("International Patent Classification Number—IPC"). Todas las patentes se clasifican tomando en consideración la materia, temática o tecnología a la que pertenece el invento. Cada materia, temática o tecnología tiene un número propio asignado, no solo para facilitar la agrupación de inventos similares dentro de un mismo campo, sino también, para facilitar la búsqueda e investigación de patentes. Este número se conoce como el número de clasificación.

El número de clasificación forma parte de un esquema jerárquico sistematizado bien elaborado y puede contener tanto letras como números o una combinación de ambos. Por ejemplo, las patentes de naturaleza electrónica, van a tener letras, números y sub-números pertenecientes a lo que es electrónico y las subdivisiones particulares de esa materia. Más adelante elaboramos este punto detalladamente.

La mayoría de las oficinas de patentes del mundo utilizan el número de clasificación internacional de patente. Sin embargo, la USPTO no lo utiliza, pero lo incluye en sus documentos de patentes como información adicional de referencia, principalmente, para las personas de otros países que están acostumbrados a utilizar estos números en sus investigaciones.

**[52]—Número de clasificación de la oficina nacional de patentes** ("Local Patent Classification Number"). Este es otro número de clasificación. Las oficinas nacionales de patentes colocan aquí su propio número de clasificación. En nuestro caso, este es el número de clasificación de EE.UU. ("U.S. Patent Classification System—USPC"), un esquema de clasificación creado por la USPTO que consiste de números, pero sin letras, en su estructura.

Es importante señalar, que tanto el número de clasificación internacional, como el de Estados Unidos, están siendo reemplazados por un nuevo esquema internacional denominado, CPC ("Cooperative Patent Classification"). Eventualmente, este será el único que se usará en los documentos de patentes de todas las naciones. El CPC comenzó a aparecer en los documentos de Estados Unidos en enero de

2015. Por el momento, tanto el USPC como el CPC, continuarán apareciendo bajo esta misma sección en todos los documentos de la USPTO.

**[58]—Campo de búsqueda** ("Field of Classification Search"). En esta sección se encuentra el número de clasificación del USPC que el examinador de patente le asignó al invento y por el cual se pueden efectuar búsquedas. En primer lugar, aparecerá el número de clasificación más relevante, seguido de otros de menor relevancia, pero que tienen que ver con algún aspecto importante del invento. Cada uno de estos números puede utilizarse para realizar búsquedas e investigaciones precisas de patentes similares.

**[56]—Referencias citadas** ("References Cited"). Aquí aparece una lista de documentos de patentes nacionales e internacionales, así como literatura y publicaciones relevantes al estado de la técnica con respecto al invento. De no haberlos, se dejará en blanco. Inmediatamente después del Código 56, generalmente se coloca el nombre del examinador o de los examinadores de patentes de la USPTO que evaluaron la solicitud de patente.

**(74)—Abogado, agente o firma comercial** ("Attorney, Agent or Firm"). En esta sección aparece el nombre del abogado o agente de patentes o firma de abogados que gestionó la solicitud de patente ante la USPTO, en representación del inventor. No obstante, en muchos documentos esta información es omitida.

**[57]—Extracto o resumen** ("Abstract"). Aquí se incluye un resumen de 150 palabras o menos describiendo la invención en términos generales, pero con suficiente información, de manera que ofrezca una excelente idea de lo que trata, lo que hace y en qué consiste el invento.

Inmediatamente después del resumen, se consta el número de reivindicaciones (reclamos) que hace el inventor sobre su invento y el número de hojas de dibujos o gráficas que contiene el documento. El propósito es informar, desde esta primera página, lo que se incluye en el documento para que el investigador pueda determinar si la copia que tiene a mano está completa o no.

Por último, al final de esta primera página el examinador de patentes de la USPTO, que ha evaluado la solicitud, selecciona el mejor dibujo sometido por el inventor. Se escoge, entre todos los dibujos sometidos, el que mejor describe gráficamente el invento en toda su extensión o el más representativo, según su criterio profesional.

Así concluimos la descripción de la portada de un documento de patente. Se trata de un formato universal aplicable a todos o casi todos los documentos de patentes que emiten las oficinas nacionales de patentes de los países. Recalcamos nuevamente que no hemos incluido todos y cada uno de los Códigos INID, sino los que a juicio del autor, son los más relevantes y pertinentes.

Ahora pasamos a describir el resto de las secciones del cuerpo de un documento de patente, comenzando con la sección de los dibujos. Esta es la página número dos del documento.

**Los dibujos** ("The Drawings")

La sección de los dibujos le sigue a la portada o primera página. Generalmente, comienza en la página número dos y puede extenderse por varias páginas dependiendo del número de dibujos o gráficas que contenga el documento de patente. Tiene como propósito el ayudar a entender mejor la invención mediante una representación gráfica con todo lujo de detalles. Aquí, se debe ilustrar claramente cada aspecto, cada sección, elemento o componentes del invento, especialmente los que tienen una correlación directa con las reivindicaciones (los reclamos). Más adelante discutimos todo lo referente a las reivindicaciones. En algunas instancias, los dibujos pudieran presentar hasta más detalles de la invención y ofrecer un cuadro más completo que la misma descripción textual pudiera proveer.

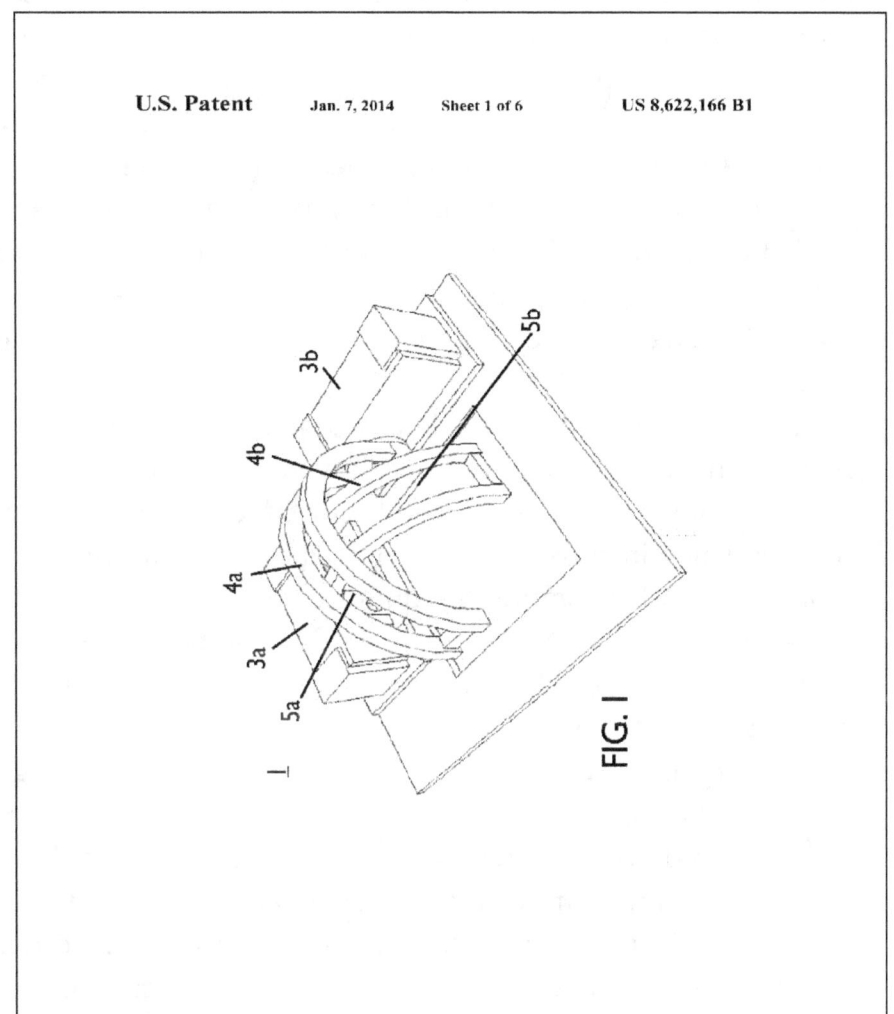

Figura 3-2: Ejemplo de una página de la sección de los dibujos de un documento de patente.

Por ley, los documentos de patentes de EE.UU. deben tener dibujos y/o diagramas para entender mejor la invención y sus diferentes componentes durante el proceso de evaluación que lleva a cabo el examinador de patente. Los dibujos son suministrados por el inventor al momento de radicar la solicitud de patente.

La USPTO, al igual que las demás oficinas de patentes del mundo, estipula una serie de requisitos para presentar los dibujos en la solicitud de patente. Éstos se deben seguir rigurosamente al pie de la letra. Desde el tamaño de las páginas, su color, su numeración, los márgenes, la orientación, el tipo de papel, el color, tamaño y tipo de letras, las líneas, los contornos, los ángulos o tomas visuales del invento, sus diferentes secciones y elementos, hasta el orden en que se presentan los dibujos y las gráficas. Todo está estrictamente especificado y regulado. De no seguir las instrucciones debidamente, el solicitante se expone a que su solicitud no sea considerada.

Aunque la ley dice que toda solicitud de patente debe venir acompañada por los dibujos correspondientes, no obstante, la ley también provee excepciones. Por lo tanto, se implica que no siempre hay que incluirlos. Algunos de los inventos que pudieran no requerir dibujos, por ser innecesarios, son los de procesos y/o métodos simples que contienen instrucciones para realizar algún fin práctico y útil. De igual manera, los compuestos químicos, los productos hechos de un material o composición en particular, los jarabes, los siropes y otros agregados similares. Un ejemplo concreto de una patente que se concedió sin dibujos, es la número US 5,468,500, que trata sobre una formula química que produce el sabor natural de la guanábana ("Soursop Flavor").

A fin de cuentas, todo aquello de naturaleza simple que pueda ser descrito clara, completa y adecuadamente de forma textual, puede que no necesite una representación gráfica. Pero debe recordar, que esa decisión no la tomará usted como inventor. La tomará el examinador de patente, quién le hará saber a usted o su representante, la necesidad o no necesidad de someter los dibujos de su invención en la solicitud, para que pueda ser considerada. Concluida esta sección de los dibujos, seguimos con la parte del cuerpo del documento de patente correspondiente a las especificaciones.

## Las especificaciones ("The Specifications")

Esta es la parte del documento de patente que en su totalidad consiste de una narrativa donde se divulgan los detalles de la invención de acuerdo a los requerimientos legales de patentabilidad. Termina con la presentación de las reivindicaciones (los reclamos) que hace el inventor sobre su invención. El propósito de las especificaciones es proveer una descripción minuciosa de la invención, sus características principales, así como su estructura física; lo que hace y cómo lo hace.

La descripción del invento debe estar escrita de forma completa, concisa y sin ambigüedades para evitar contradicciones que puedan minar la validez de la patente en los tribunales, en caso que alguien la impugnara. Debe seguir un orden expositivo lógico y razonable. Servirá, además, de base y fundamento, así como de ayuda, para mejor interpretar y definir el alcance de los reclamos. Los reclamos han de apoyarse en lo descrito textualmente en las especificaciones. Lo descrito en las especificaciones habrá de apoyarse en los reclamos. En una propiedad inmueble, las especificaciones serían análogo a la descripción de todo lo que contiene la vivienda en su interior, mientras que los reclamos serían la verja que circunvala el solar de la vivienda, estableciendo los límites de la propiedad. En adición, las especificaciones habrán de proveer el proceso para fabricar el invento y cómo usar el mismo, de manera que una persona con conocimientos ordinarios en la materia lo pueda replicar como lo concibió el inventor.

La USPTO ha establecido guías para el formato y los detalles que deben incluirse en las especificaciones. Cada sección de las especificaciones debe identificarse claramente en letras mayúsculas a modo de encabezamiento. Éstas son: título de la invención; referencias cruzadas relativas al sector tecnológico de la invención; declaración referente a inventos sufragados por el gobierno federal; trasfondo histórico de la invención; el campo técnico a la que pertenece; una descripción del estado de la técnica; resumen de la invención; descripción de los dibujos; descripción detallada de la invención; y una exposición de las reivindicaciones (los reclamos). A continuación, presentamos las secciones de las especificaciones y lo que significan:

**Título de la invención.** Esta sección no requiere mucha explicación. El título de la invención es lo primero que aparece en la sección de las especificaciones, al tope de la página. Debe ser lo más corto, específico y descriptivo posible. Puede contener un máximo de 500 caracteres.

Figura 3-3: Ejemplo de una página de la sección de la especificaciones de un documento de patente

**Referencias aplicables al estado de la técnica de la invención.** Si la patente está relacionada con otras patentes o se han tomado componentes basados en solicitudes de patentes previamente presentadas ante la USPTO, debe indicarse en esta sección. Esto pudiera incluir, además, patentes relevantes de otros países. El propósito aquí es enmarcar la invención dentro del estado de la técnica y la tecnología existente. Pudiera duplicar información ya provista en la portada o primera página.

**Declaración referente a inventos sufragados por el gobierno federal.** En los casos en que la invención haya sido sufragada con fondos del gobierno federal o bajo contrato con el gobierno, se tienen que estipular los derechos aplicables en esta sección. Esto es así, porque al financiar la invención, el gobierno federal retiene derechos sobre la patente y los podrá ejercer en cualquier momento. El contrato que suscriba el titular de la patente con el gobierno, definirá los términos, condiciones y el alcance de esos derechos.

**Trasfondo de la invención.** En esta sección se incluye una descripción general del campo de la tecnología a la que pertenece el invento y la conexión que existe con la misma. Puede incluir inferencias a patentes en específico, así como, a otros documentos relacionados. Consecuentemente, se provee un análisis somero del estado de la técnica conocido hasta entonces y donde se hacen los señalamientos correspondientes sobre los problemas, las fallas, los defectos y las deficiencias encontradas en el estado de la técnica. El objetivo es establecer el problema o asunto que su invención trata de resolver, el cual no ha sido resuelto previamente por otros inventos, pero que su invento contribuye a la resolución del mismo.

**Sumario de la invención.** Distinto al extracto que aparece en la portada o primera página, aquí se presenta de forma sucinta, concisa y precisa, la sustancia o idea general del invento a la luz de lo que se reclama (las reivindicaciones). Puede incluir las ventajas que presenta la invención y cómo resuelve los problemas que existían previamente en el estado de la técnica. Preferiblemente, aludiendo a los problemas, fallas y deficiencias señaladas en la sección anterior.

**Breve descripción de los dibujos.** En esta sección se hace referencia a y se describen brevemente los dibujos que se incluyen en el documento, uno a uno. Las descripciones a los dibujos pueden presentarse como una lista o en forma de párrafo. Lo importante es que se haga una oración que explique cada uno de los componentes fundamentales de los dibujos y las diferentes vistas, tomas o ángulos que presentan.

**Descripción detallada de la invención.** El propósito de esta sección es describir la invención de manera adecuada y precisa, haciendo referencias a las diferentes partes y elementos del invento, según representado en los dibujos. La narrativa debe incluir, además, cómo esta invención difiere y se distingue de las demás, así como las mejoras y avances que presenta su tecnología. Es importante hacer una exposición clara y detallada de la mejor manera de replicar la invención, y cómo usar la misma, de forma tal que una persona con conocimientos ordinarios en la tecnología del invento pueda lograr exactamente los mismos resultados del inventor, sin muchas complicaciones o experimentación. Este requerimiento asegura que el público pueda manufacturar, utilizar y comercializar la invención luego que la patente haya expirado y forme parte del dominio público.

Con esto concluimos la descripción de las especificaciones del documento de patente, para comenzar con la parte final del mismo: las reivindicaciones. Aunque técnicamente las reivindicaciones pertenecen a las especificaciones y son parte de éstas, dada su importancia, las describiremos por separado a continuación.

## Las reivindicaciones/los reclamos ("The Claims")

Las reivindicaciones se encuentran al final del documento de patente. Esta es la parte más importante, sensitiva, fundamental y esencial, ya que representa el corazón mismo de la patente. Ellas definen exactamente las fronteras, los límites y el alcance de lo que la patente es o no es; lo que cubre o no cubre; lo que incluye o no incluye. En una propiedad inmueble es el equivalente a la verja que delimita la extensión territorial de una finca o solar. Por eso, ellas definen el ámbito de la protección legal de la patente.

La protección que ofrece una patente se circunscribe básicamente a lo que se reclama como distintivo y único del invento. No se puede reclamar protección bajo la ley por lo que no haya sido enunciado en las reivindicaciones. El inventor, por lo tanto, tiene que delinear claramente las reivindicaciones para que los retadores potenciales entiendan, fuera de toda duda, lo que se está protegiendo del invento y lo que no está protegido.

Una reivindicación escrita en términos muy amplios puede propiciar cierto grado de vulnerabilidad a la patente, provocando que otros se aprovechen de la imprecisión para impugnarla en los tribunales. Por otro lado, una reivindicación redactada muy limitadamente podría tener el efecto de una protección demasiado reducida. Esto implica que las reivindicaciones deben redactarse tomando en consideración un equilibrio entre los dos extremos para que sean sólidas y efectivas en derecho.

En adición, todos los reclamos que se hacen del invento deben estar debidamente apoyados por la narrativa que le precede en la sección de las especificaciones. La sincronización entre estas dos secciones es de vital importancia para la vida misma de la patente, por las implicaciones legales que este asunto presenta. La narrativa en las especificaciones debe construirse en apoyo a los reclamos y los reclamos deben estar en estricta concordancia con las especificaciones.

Por lo anterior, es imprescindible que un abogado o agente de patente prepare la solicitud. Ellos saben qué hacer para proveer el mayor grado de protección posible al invento, de manera tal, que en el caso que alguien rete la patente ante los tribunales, la misma pueda sobrevivir al escrutinio al que será sometida. Las reivindicaciones que no sobrevivan el escrutinio jurídico resultarán en la anulación e invalidación de esa patente. De ahí, la importancia y seriedad que hay que ejercer al momento de elaborar las reivindicaciones, como también, el resto del documento. Pudiera determinar la vida o muerte de la patente.

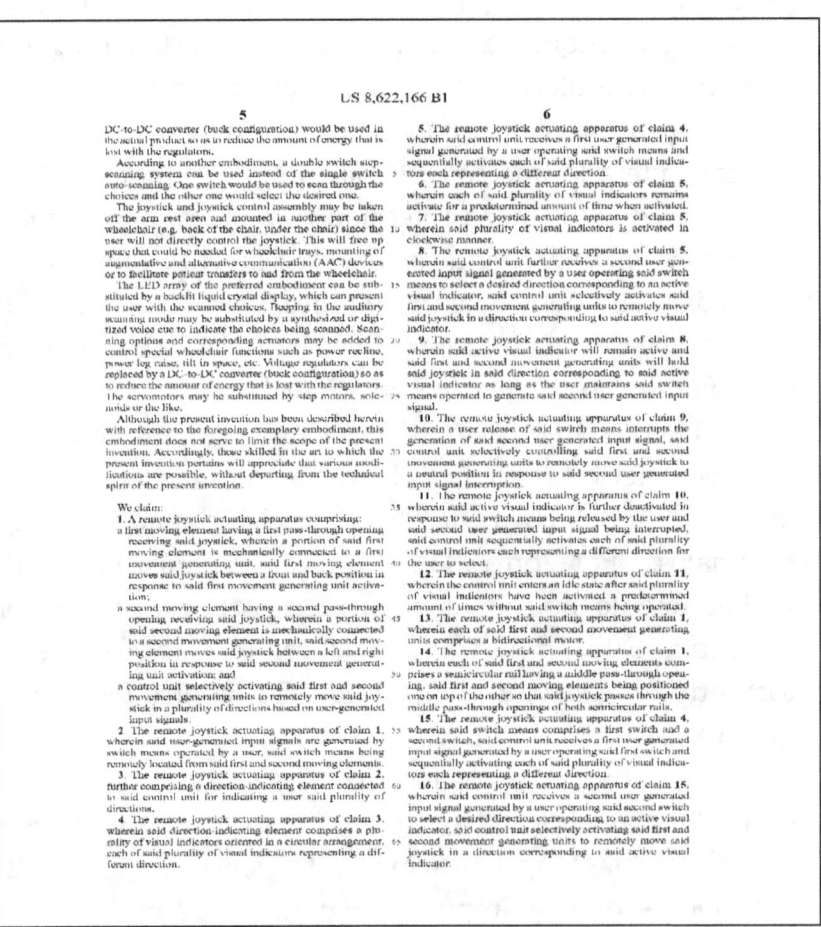

Figura 3-4: Ejemplo de la página donde se ubican las reivindicaciones en un documento de patente.

# Capítulo IV

## Búsqueda e Investigación de Patentes

E
N ESTE CAPÍTULO DISCUTIREMOS lo relacionado a la búsqueda e investigación de patentes, lo que es, de lo que trata, su importancia, las razones para llevarla a cabo, los pasos para la conducción de una buena investigación y las herramientas de investigación disponibles que facilitan todo este proceso.

### ¿Qué es una investigación de patentes?

La investigación de patentes es el proceso por el cual se buscan, se examinan, se evalúan y se analizan patentes con un fin en particular. El fin es para determinar la patentabilidad de una invención. Si de la investigación se desprende que el invento que interesamos patentar o uno idéntico ya ha sido patentado, entonces, nuestro invento no es patentable. Sin embargo, no debemos desanimarnos. Con esta información podríamos buscar la manera de hacerle los cambios necesarios para que el invento sea patentable.

## Razones para hacer una investigación de patentes

Las investigaciones de patentes se llevan a cabo por un sinnúmero de razones, propósitos y objetivos. Algunas de éstas son:

- Para determinar si un invento es único, nuevo o novedoso.
- Para conocer el estado de la técnica o tecnología respecto a una invención, materia, campo o temática en particular.
- Para adscribirle otros usos a un mismo producto y de paso generar patentes adicionales.
- Para realizar mejoras sustanciales a inventos ya patentados.
- Para identificar qué entidades o personas obtienen patentes.
- Para identificar los tipos o clases de patentes que determinadas entidades o personas obtienen.
- Para conocer el historial de productos y sus tecnologías.
- Para evaluar patentes de una invención en particular.
- Para conocer las tendencias actuales y futuras de determinadas tecnologías e inventos.
- Para predecir los productos y las tecnologías que debutarán en el mercado dentro de cinco o diez años.
- Para estudiar el ritmo de las innovaciones en un área en específico.
- Para conocer el portafolio de patentes que posee tal o cual compañía o negocio.
- Para conocer sobre una industria en específico.
- Para encontrar soluciones a problemas tecnológicos.
- Para conocer el trabajo que inventores están realizando en un campo en particular.
- Para buscar ideas que pudieran culminar en nuevos productos, tecnologías y patentes.

Podemos seguir mencionando otras razones pero con las mencionadas basta. Solo queremos ofrecer una idea al lector de lo que se puede hacer en una investigación de patentes. A esto, podemos añadir los vastos conocimientos que se adquieren y lo mucho que se aprende en el proceso. En este libro solo nos concentraremos en llevar a cabo la investigación de patentes por las primeras cuatro razones mencionadas arriba.

## La investigación de patentes para los propósitos de este libro

El objetivo principal que nos ocupa al realizar una investigación de patentes es conocer el estado de situación respecto a la técnica o tecnología de un invento en particular. Significa escudriñar todas las patentes, literatura y publicaciones que existen previo al invento de interés. Lo hacemos para determinar las probabilidades de patentabilidad que tiene la invención que interesamos patentar. Sabemos de antemano que para patentar algo, ese algo debe ser novedoso, nuevo, único y nunca antes haber existido.

Así que, para conocer con cierto grado de certeza si se cumple con el requisito de novedad y el estado de la técnica, primero debemos conducir una investigación de patentes. Si en la investigación encontramos patentes similares o idénticas a la tecnología del invento que nos proponemos patentar, entonces podemos concluir, que no vale la pena continuar con los planes de patentar la invención. Como ya existe, no hay posibilidad de patentabilidad. Si por el contrario, después de haber realizado una buena búsqueda, no encontramos patentes idénticas a nuestro invento, eso sería una indicación positiva de que se tiene buenas posibilidades de ser patentado.

Ahora bien, si la investigación de patentes nos revela que el invento que queremos patentar, ya ha sido patentado o se ha presentado una solicitud de patente ante la USPTO y la misma está en proceso de evaluación, no todo está perdido. No debemos darnos por vencidos. Por el contrario, debemos perseverar en nuestro objetivo y hacer de este revés, uno positivo, si verdaderamente confiamos y tenemos fe en nuestro invento. Decimos esto, porque si sabemos que nuestro invento existe previamente por la investigación que realizamos y por lo tanto no es patentable, entonces el curso de acción debe ser el de proceder a hacerle los cambios necesarios para distinguirlo de los demás y así hacerlo patentable. En otras palabras, mejorar las posibilidades de patentabilidad.

Una vez nuestro invento quede sustancialmente diferente con respecto a los demás, por los cambios realizados, podríamos iniciar las gestiones para patentarlo, pero en esta ocasión, con cierto grado de certeza en cuanto a su patentabilidad. En este caso, no sería necesario realizar otra investigación de patentes, pues ya sabemos lo que hay.

Por otro lado, es bueno tener en cuenta que la investigación de patentes es más un arte que una ciencia. Por eso, hay que dedicarle tiempo para aprender cómo hacerla, desarrollar las destrezas y practicar hasta dominar las técnicas y estrategias que se utilizan. No siendo una ciencia, podemos deducir que no es 100% certera, ni es perfecta, ni es totalmente confiable. Pero nada en el mundo lo es. Tampoco los resultados van a ser siempre iguales. Aunque hay pasos concretos bien establecidos que debemos seguir, lo más probable es que se generen resultados variados cada vez que se ejecuta una investigación. Hacemos estas aclaraciones para presentar el cuadro completo de la situación, no solo sus aspectos positivos.

También, debemos estar conscientes que una investigación de patentes, por buena que sea, no garantiza que la invención es patentable. Esto, a pesar que los resultados de la investigación revelen que no hay inventos similares o idénticos al suyo. Depende de muchos factores, algunos de los cuales pueden ser hasta subjetivos. Pero la patentabilidad de algo solo lo puede determinar el examinador de patente de la USPTO una vez culmine el proceso de evaluación. En ocasiones, los mismos examinadores de patentes se han equivocado, ya sea otorgando patentes que después han sido declaradas nulas por los tribunales o no otorgando patentes que a todas luces merecen ser patentadas. En los casos de rechazo, la USPTO da oportunidad al abogado o agente de patentes para solicitar una reconsideración, la cual en muchas ocasiones, resulta en la otorgación de la patente.

En otras ocasiones, el examinador de patente encuentra que el invento no ha sido adecuadamente descrito en los formularios o que faltan algunos detalles, pero antes de denegar la patente le provee oportunidad al inventor para que corrija las deficiencias. Una vez corregidos los señalamientos a satisfacción del examinador, la patente pudiera ser salvada. Por eso, nunca debemos perder las esperanzas, pues aunque inicialmente surjan problemas durante el proceso y aun cuando se haya determinado denegar la patente, se puede dar el caso que en última instancia se logre.

Habiendo dicho lo anterior, siempre es importante recalcar que una investigación de patentes es altamente recomendable. Nos puede ahorrar mucho dinero, tiempo y esfuerzos, según lo hemos expresado en las páginas de este libro. Además, la USPTO lo recomienda en su sitio cibernético, en toda la literatura que publica y en todas las presentaciones que realizan sus empleados y/o representantes.

## Tipos de investigación o búsqueda

Existen varios tipos de búsqueda e investigación de patentes. Todo depende del fin, el propósito y el objetivo que se persigue y quién la conduce. Solamente mencionaremos dos de ellas, debido a que las demás son irrelevantes para los propósitos de este libro y no queremos confundir al lector con mucho tecnicismo. Queremos mantenerlo todo a un nivel básico. En primer lugar, existe la búsqueda preliminar. Ésta la puede realizar el mismo inventor, así como cualquier otra persona que posea pocos conocimientos y destrezas de investigación. En segundo lugar, su contraparte, la búsqueda profunda y abarcadora. Por su complejidad, solo la pueden realizar expertos en la materia, incluidos los abogados o agente de patentes. Ambas requieren tiempo, que para muchas personas pudiera ser considerable, medido en términos de semanas y hasta meses, pero nunca en minutos ni en horas.

Comencemos por describir la búsqueda e investigación preliminar. Esta se caracteriza por su sencillez. Conlleva menos esfuerzos y se puede realizar en un tiempo relativamente corto. La palabra "preliminar" denota que no se trata de una investigación o búsqueda exhaustiva. Es la búsqueda general que no requiere mucho adiestramiento ni estrategias sofisticadas. Cualquier persona con conocimientos ordinarios puede llevarla a cabo por el poco grado de complejidad que presenta. Básicamente, consiste en buscar documentos de patentes y solicitudes de patentes en el banco de información de la USPTO a través del Internet. Esta es la que se recomienda a los inventores antes de iniciar el proceso de patentar y antes de reclutar los servicios de un abogado o agente de patentes. El objetivo aquí es tener una idea rápida de lo que ha sido o no ha sido patentado y de lo que está en proceso de patentar relativo a nuestro invento. Nos arroja luz sobre el estado de la técnica y la tecnología existente de la que el invento forma parte.

Por otro lado, la búsqueda o investigación exhaustiva va mucho más allá que la búsqueda preliminar. No todas las personas la pueden hacer. Es una especialidad bien rigurosa que implica muchos estudios y adiestramientos. Requiere un alto grado de peritaje, experiencia y profesionalidad. Esta búsqueda incluye patentes de otros países, además de las de Estados Unidos, inventos/productos no patentados, la literatura técnica y especializada en cualquier parte del mundo, conferencias, simposios, asambleas o reuniones de inventores, científicos, ingenieros y otros profesionales, medios televisivos, radiales y redes sociales, entre otros. En fin, se escudriña todo o casi todo lo que existe o se haya divulgado sobre la tecnología del producto o invento que queremos patentar. Como podemos apreciar, se trata de una investigación muy completa y abarcadora, cuyos resultados podemos confiar por su alto grado de confiabilidad. Nos proporciona la seguridad que necesitamos para decidir si debemos patentar o no. Su abogado o agente de patentes se encarga de esto y es parte de su responsabilidad.

## El tipo de investigación que usaremos en este libro

En este libro, nos circunscribiremos a la búsqueda e investigación preliminar de patentes y solicitudes de patentes de Estados Unidos, que es llevada a cabo por el mismo inventor o cualquier otra persona de su confianza que él o ella designe. Se realiza electrónicamente a través del Internet utilizando el banco de información de patentes de la USPTO. Existen otros sitios de investigación de patentes, tales como el Google Patents y Free Patents Online, para mencionar algunos, pero ninguno es tan completo como el de la USPTO, pues tiene la ventaja de ser la fuente original desde donde todos los demás servicios extraen la información.

En cuanto a la búsqueda abarcadora, esa se la dejamos a los expertos, incluyendo los abogados y agentes de patentes que representan a los inventores. De todas maneras, ellos la tienen que realizar como parte de sus responsabilidades, previo a la radicación de la solicitud de patente ante la USPTO.

## Preparaciones antes de iniciar la investigación preliminar de patentes

1. Primero, planifique dedicarle varias horas aprendiendo el proceso de búsqueda e investigación de patentes. Esto incluye acceder tutoriales y guías disponibles en el portal cibernético de la USPTO, como también en otros lugares, donde le enseñan a uno los pasos que se deben seguir para realizar una buena búsqueda e investigación. Practique las horas que sean necesarias a través de estos tutoriales y guías hasta que usted se sienta cómodo de lo que debe hacer y cómo hacerlo. Estas herramientas de enseñanza están disponibles, tanto en inglés como en español, y muchas de ellas se ofrecen en el formato de videos.

2. Luego, deberá dedicarle varias horas adicionales, posiblemente varias semanas o meses, buscando patentes en la base de datos de la USPTO, así como estudiando y evaluando cada uno de los documentos obtenidos como resultado de la búsqueda. Este tipo de búsqueda no se puede hacer en pocas horas ni días. Debe tener mucha paciencia y perseverancia.

3. El tiempo que necesitará su investigación dependerá de la complejidad de su invento y de las destrezas de búsqueda e investigación que usted posea. Mientras más complejo el invento, más tiempo tendrá que invertir en este proceso. Mientras más sencillo, menos tiempo. Por otro lado, mientras mejor sean sus destrezas de búsqueda e investigación, menor será el tiempo que le tomará realizar el proceso.

4. Tenga a mano bolígrafo y hojas de papel en blanco para sus anotaciones. Las anotaciones importantes serán para confeccionar una lista de palabras o términos claves que mejor describen su invento, los números de patentes relevantes que encontrará en la búsqueda y los números de clasificación relevantes para su invento, entre otras anotaciones.

5. Deberá tener acceso a una computadora con servicios de Internet. Todo el proceso de aprendizaje, ya sea a través de guías o tutoriales, así como la búsqueda e investigación de patentes, se hará de forma electrónica a través del Internet.

6. La computadora deberá tener instalado el lector Adobe® Acrobat® PDF Reader. De no tenerlo, puede descargarlo gratuitamente del portal http://get.adobe.com/reader. Esto es necesario porque todos los documentos de patentes se encuentran archivados en el formato PDF.

7. Finalmente, es importante señalar y tener presente, que el proceso de búsqueda e investigación preliminar de patentes que les presentaremos a continuación, conlleva unos cortos pasos. Se divide en dos etapas fundamentales. La primera etapa se encarga de la búsqueda de patentes utilizando palabras o términos claves para determinar la clasificación a la que pertenece el invento. La segunda etapa envuelve la búsqueda de patentes utilizando el número de clasificación del invento para auscultar el estado de la técnica o arte previo. La investigación productiva y eficiente es la que se hace en la segunda etapa y no en la primera. Contrario a la primera etapa, la segunda, trata de una búsqueda más enfocada y donde siempre se obtendrán documentos de patentes sumamente relevantes a al invento.

**Advertencia sobre los portales y enlaces cibernéticos**

Los enlaces cibernéticos mencionados en este libro son fidedignos y han sido corroborados a la fecha de publicación. Con el tiempo, los enlaces como los portales y las páginas electrónicas, tienden a cambiar. Alertamos sobre esto, porque se puede dar el caso que los lectores no los puedan acceder según aparecen en el libro. Esto es muy normal en la era digital en la que nos encontramos. Sin embargo, con respecto al portal de la USPTO, nos atrevemos a decir de antemano que no se prevén cambios sustanciales, especialmente en cuanto a su dirección electrónica se refiere. Periódicamente, este portal cambia de diseño y su contenido se actualiza para reflejar la información más reciente y también para mejorar su accesibilidad. En todo caso, los lectores deberán navegarlo intuitivamente sin mucha dificultad.

# Pasos para la investigación preliminar de patentes:

**Primera etapa:** **Clasificando su invento por medio de palabras o términos claves**

En esta primera etapa, el objetivo es ubicar nuestro invento dentro del sistema de clasificación de patentes de la USPTO, haciendo búsquedas de patentes por medio de palabras, frases o términos claves. De los resultados obtenidos, leeremos los documentos de patentes, uno por uno, hasta dar con aquellos que son similares a nuestro invento. Una vez identificados los documentos de interés, procederemos entonces a extractar de ellos los números de clasificación que aparecen en la primera página del documento. Es importante anotar en una hoja de papel todos los números de clasificación relevantes a nuestro invento, para luego entrar a la segunda etapa del proceso, que es hacer las búsquedas utilizando ese número de clasificación.

Es en la segunda etapa donde vamos a obtener resultados muy pertinentes a nuestro invento, ya que serán de patentes que tienen elementos y cosas muy en común, como por ejemplo, la tecnología. Esto nos permitirá evaluar invenciones ya patentadas para auscultar con detalle el grado de similitud o diferencia que pudiera existir con nuestro invento. Pero antes de continuar, seguramente usted se estará preguntando sobre el significado de los números de clasificación.

## ¿Qué es el número de clasificación?

Previamente, en otra parte del libro, tocamos brevemente este tema. Como recordarán, dijimos que a todas las patentes se les asigna un número de clasificación. Esto se hace para agruparlas dentro de la tecnología—materia, área temática, tópico—que comparten y a la que pertenecen. Por ejemplo, todos los inventos que son de computación se les asigna un número en particular, seguido de otros números que van a denotar subdivisiones tales como detalles, particularidades, elementos, dentro de la computación.

**CPC COOPERATIVE PATENT CLASSIFICATION**

**A45B WALKING STICKS; UMBRELLAS; LADIES' OR LIKE FANS**

| | |
|---|---|
| **A45 1/00** | **Sticks with supporting, hanging or carrying means** |
| A45B 1/02 | Walking sticks with rollers for carrying parcels or the like |
| A45B 1/04 | Walking sticks with means for hanging-up or with locks |
| | |
| **A45B 3/00** | **Sticks combined with other objects** |
| A45B 3/02 | with illuminating devices |
| A45B 3/04 | electrical |
| A45B 3/06 | with coat-hangers |
| | |
| **A45B 23/00** | **Other umbrellas** |
| A45B 2023/0006 | {Portable, self-supported sunshades or weather protections} |
| A45B 2023/0012 | {Ground supported umbrellas or sunshades on a single post} |
| A45B 2023/0018 | {with a canopy in form of an inverted cone} |
| A45B 2023/0025 | {Umbrellas or sunshades mounted laterally on...} |
| | |
| **A45B 25/00** | **Details of umbrellas** |
| A45B 25/02 | Umbrella frames |
| A45B 25/04 | Devices for making or repairing |
| A45B 25/06 | Umbrella runners |
| A45B 25/08 | Devices for fastening or locking |
| A45B 25/10 | Umbrella crowns |
| A45B 25/12 | Devices for holding umbrellas closed, e.g. magnetic devices |

Figura 4-1: Porción del nuevo esquema de clasificación del Cooperative Patent Classification (CPC) que ha adoptado la USPTO y otras oficinas de patentes del mundo. Aquí se ilustran parte de los números de clasificación que cubren los diferentes aspectos de un paragua.

De igual forma, en una biblioteca todos los libros de economía tienen un número de clasificación distintivo que los agrupa bajo esa disciplina. Es así como en las bibliotecas existe la sección de economía, como también, las de otras disciplinas del conocimiento humano. Se trata de un ordenamiento sistemático de los recursos disponibles para facilitar el acceso a la información y/o los recursos, con un mínimo de inconveniencias. Uno no tiene que buscar un libro de economía en un lado de la biblioteca para luego moverse al lado opuesto para buscar otros libros de economía. Todos se encontrarán agrupados en una misma sección y dentro de esa misma sección, subdivididos por los diferentes aspectos, detalles o sub-temáticas, dentro del campo de la economía.

| United States Patent Classification Index | | | | | |
|---|---|---|---|---|---|
| Treatment of fluids.................. | 250 | | Union Suits............................ | 2 | 70+ |
| 428+ | | | Unipolar | | |
| Used in reaction to prepare | | | Generator system................. | 322 | 48 |
| inorganic or organic material.. | 204 | 157.1+ | Machine structure.................. | 310 | 178 |
| Used in reaction to prepare or | | | Unitary Construction, Power | | |
| Treat synthetic resin or | | | Plant........................... | 60 | 916* |
| natural rubber..................... | 522 | 1+ | Uniting (See Assembling) | | |
| Umber............................... | 423 | | Electrolysis........................ | 205 | 114 |
| Umbrella............................. | 135 | 15.1+ | Nailing and stapling............... | 227 | |
| Awnings............................ | 160 | 53 | Glass molds..................... | 65 | 156 |
| Carrier body and belt attached... | 224 | 186+ | Glass process.................. | 65 | 47+ |
| Folded umbrella................. | 224 | 915+ | Plastic molding................. | 264 | 241+ |
| Combined with other devices.... | 135 | 16+ | Preform with molding material.. | 249 | 83+ |
| Design............................ | D03 | 5+ | Wrap threads.................. | 28 | 209+ |
| Frame making..................... | 29 | 25 | Universal Joints.................... | 403 | 57+ |
| Handles........................... | D03 | 12+ | Ball and socket................. | 403 | 122+ |
| Locks............................. | 70 | 59 | Making........................ | 29 | 434+ |
| Rack.............................. | 211 | 62+ | Shafting....................... | 464 | 106+ |
| Sewing tips to cover.............. | 112 | 104+ | Unloading and Unloaders | | |
| Stand............................. | D06 | 415 | Aircraft in flight................. | 258 | 1.2+ |
| Sticks............................ | 135 | 65+ | Ban unloading by conveyer........ | 198 | 550.1+ |
| With electric light................ | 362 | 102 | Chutes......................... | 193 | 4+ |
| Unauthorized Copy Prevention | | | Conveyor belt................... | 198 | 637+ |
| Electrophotographic copier........ | 399 | 366 | Conveyor belt, impinging fluid... | 198 | 493+ |
| Unbalanced to Balanced | | | Dump scows.................... | 114 | 27+ |
| In an amplifier stage.............. | 330 | 117 | Marine type.................... | 414 | 137.1+ |
| With phase inverter............... | 330 | 117 | Moving train................... | 104 | 18+ |
| Uncoupling | | | Nuclear reactor fuel removal.... | 376 | 261+ |
| Railway coupling................. | 213 | 211+ | Pump (see regulation)........... | 417 | 279+ |
| Cushioned hand controlling.... | 213 | 17 | Railway dump cars.............. | 105 | 239+ |
| Jannery type.................. | 213 | 159+ | Railway mail delivery............ | 258 | |
| Underchecks....................... | 54 | 57 | Scattering non-fluid material..... | 239 | 650+ |
| Undercutting | | | Self-unloading vehicles.......... | 414 | 467 |
| Block molding machines........... | 425 | 289+ | Vehicle with external means..... | 414 | 373+ |
| Patterns......................... | 164 | 245 | Washing machines............... | 68 | 210 |
| Underframes | | | | | |

Figura 4-2: Porción del esquema de clasificación de patentes de la USPTO. Aquí se ilustran los números de clasificación para un paragua y los diferentes aspectos que cubre. La anotación se escribe como 135/15.1.

Lo mismo ocurre con los inventos. Si sabemos el número de clasificación al que pertenece nuestra invención, podemos concentrar la búsqueda bajo ese número, descartando todos los demás. Esto nos llevaría a encontrar patentes similares o relevantes a nuestro invento. En otras palabras, estaríamos haciendo una búsqueda eficiente y productiva por su pertinencia. Por consiguiente, podemos estudiar, analizar y evaluar esas patentes en detalle para determinar si ya nuestro invento fue patentado o algo similar ya existe.

Esperamos haber aclarado lo concerniente a los números de clasificación de patentes. Pasemos a continuación, al paso número uno de esta primera etapa de nuestra investigación.

**Paso 1: Prepare una lista de palabras o términos claves que mejor describen su invento.**

Comience a escribir en una hoja de papel, una descripción breve y concisa de su invento. Recuerde, esto tendrá que hacerlo en el idioma inglés, pues tanto las herramientas de ayuda que utilizaremos en nuestra investigación, como las bases de datos que vamos a consultar, solo se navegan en ese idioma. El ejercicio que vamos a realizar como parte de esta guía y a modo de ilustración, también será en inglés, exceptuando la descripción de los pasos a seguir que será en español.

Volviendo a la descripción de su invento, sea lo más preciso posible. Evite descripciones amplias y términos generales como "aparato," "proceso" o "sistema." Anote términos técnicos, incluyendo sinónimos y palabras similares o asociadas. Mientras más términos descriptivos tenga la lista, mejor. Mientras más preguntas se hagan, mejor. Recuerde, las bases de datos que va a consultar no piensan como usted. Sin embargo, usted debe pensar en todas las posibilidades de términos y palabras claves que las bases de datos pueden contener para así aumentar sus probabilidades de éxito en esta actividad. Las siguientes preguntas sirven de ejemplo y guía para ayudarle a identificar términos relevantes respecto a su invención. Pregúntese:

- ¿Cuál es el propósito de mi invento? ¿Qué es lo que hace? ¿Es una cosa útil que resuelve alguna situación o problema, o más bien, se trata de un diseño ornamental?
- ¿Es mi invento un método, que al seguir unos pasos bien definidos, logrará un resultado específico?
- ¿Es mi invento un proceso? ¿Producirá algo? ¿Llevará a cabo alguna función o es simplemente un producto?
- ¿Cómo funciona? ¿Tiene piezas que al moverse organizada y sistemáticamente producen un resultado útil? ¿Tiene un fin práctico?
- ¿De qué está hecho? ¿Cuál es su composición física o química?
- ¿Cómo se usa? ¿Para qué es utilizado? ¿Tiene aplicación comercial e industrial?
- ¿Qué palabras claves mejor describen la naturaleza de mi invención?

Si lo desea, puede además consultar un tesauro o diccionario general en inglés que le ayude a obtener términos y palabras claves adicionales para su lista. También, deberá tener a mano un diccionario bilingüe, inglés-español/español-inglés, para que pueda traducir las palabras de un idioma al otro. De todas maneras, tenga presente que los términos y palabras claves que busque en el diccionario, para añadirlo a la lista, deben ser relevantes y muy pertinentes a su invención.

**Invento ficticio a utilizarse como ejemplo en este ejercicio.**

Como ejemplo, y para mejor ilustrar nuestra investigación, supongamos que hemos inventado un paragua lo suficientemente fuerte, de manera que, sin importar cuán fuerte azote el viento, el paragua mantendría su integridad física, sin volverse al revés, como tampoco se haría pedazos. Contestando algunas de las preguntas antes indicadas, podemos resumir la descripción de nuestro invento de la siguiente forma:

**Propósito:** El paragua tiene una superficie cóncava y una estructura formada por varillas metálicas para prevenir que se rompa o se vuelque por la acción de vientos fuertes.

**La invención:** Supone un adelanto en el diseño de paraguas ya que eliminaría el tener que reemplazarlos periódicamente.

**Los componentes de la invención:** Se compone de un marco o estructura cóncava, con rayos o varillas de metal, conectados a un poste o eje central, tela impermeable sobre las varillas para brindar protección de los elementos, un mango al final del poste, un corredor que permite que las varillas se puedan deslizar hacia arriba y hacia abajo en el poste, resortes para mantener el paragua abierto o cerrado, y una contera en la parte superior del poste sobre la tela, como accesorio estrictamente ornamental.

**Cómo se usa:** Según sea necesario por las personas para protegerse de la lluvia, la nieve, el sol y otros elementos de la naturaleza.

**Otros términos de búsqueda en adición a los anteriores:** "umbrella," "parasol," "sunshade," "windproof," "wind-resistant," para mencionar algunos (Este ejemplo es una modificación del que aparece en el folleto *7-Step U.S. Patent Search Strategy Guide*, PTRCP/USPTO, abril 2015).

**Paso 2:**     **Acceda patentes por medio de términos o palabras claves.**

El objetivo principal de este paso número dos es buscar documentos de patentes en la base de datos de la USPTO relevantes a nuestro invento, por medio de términos o palabras claves, con el fin de identificar el número de clasificación al que pertenece el invento.

1. De la lista de términos o palabras claves que hemos construido en el paso 1, solamente vamos a utilizar el primer término, "umbrela," para este ejercicio. Deberá saber que hay que hacer lo mismo con cada uno de los demás términos en su lista.
2. Lance su buscador ("browser") favorito para acceder el Internet.
3. En el URL, donde se escribe la dirección electrónica, escriba www.uspto.gov, para acceder el portal de la USPTO.

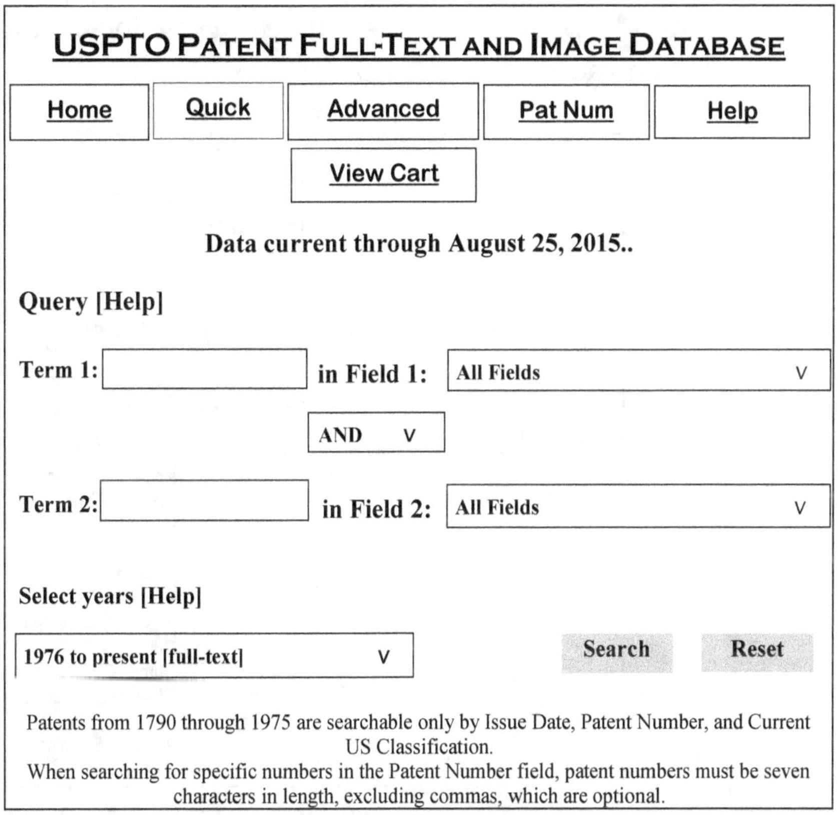

Figura 4-3: Simulación de la pantalla donde se hacen las búsquedas de patentes en la base de datos de la USPTO.

4. Cuando el portal de la USPTO aparezca en pantalla, un poco más hacia abajo, encontrará un enlace que dice, "Search for Patents." Selecciónelo.

5. En la pantalla de "Search for Patents," busque hacia abajo hasta que encuentre un encabezado que dice, "Searching Full Text Patents (Since 1976)."

6. Debajo de ese encabezado aparece un enlace que dice, "Quick Search." Selecciónelo.

7. Ahora deberá tener en pantalla la página que lleva por título, "USPTO Patent Full-Text and Image Database" (figura 4-3).

8. Esta es la pantalla donde se hacen las búsquedas de patentes y donde se obtiene acceso directo a los documentos de patentes archivados en la USPTO.

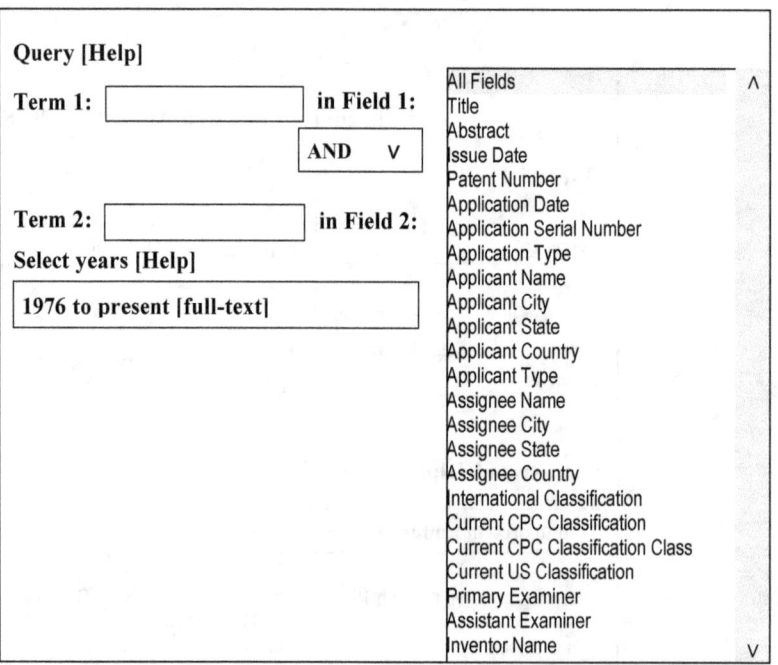

**Query [Help]**

Term 1: [          ]  in Field 1:

                          AND  ∨

Term 2: [          ]  in Field 2:
Select years [Help]

[ 1976 to present [full-text] ]

All Fields                              ∧
Title
Abstract
Issue Date
Patent Number
Application Date
Application Serial Number
Application Type
Applicant Name
Applicant City
Applicant State
Applicant Country
Applicant Type
Assignee Name
Assignee City
Assignee State
Assignee Country
International Classification
Current CPC Classification
Current CPC Classification Class
Current US Classification
Primary Examiner
Assistant Examiner
Inventor Name                          ∨

Figura 4-4: Las opciones de búsquedas disponibles bajo "All Fields."

9. Donde dice, "Term 1:," aquí vamos a escribir nuestro primer término, que es "umbrella" (figura 4-4).

10. Inmediatamente a la derecha, seleccione el "Field 1:," haciendo un "clic" en la flecha hacia abajo donde dice, "All Fields."

11. Bajo, "All Fields," aparecerá una lista de opciones (figura 4-4). Estos son los diferentes campos bajo los cuales usted puede

hacer búsquedas de patentes, tomando en consideración lo que escribió en "Term 1:". Estos campos pertenecen a las diferentes partes o secciones de la primera página o página de título del documento de patente.

12. Aquí, usted decide si desea hacer búsquedas por el término deseado en los campos, "All Fields," "Title," "Abstract," y otros. Ahora bien, si selecciona "Patent Number" o "Issue Date," que son campos numéricos, la base de datos espera que usted escriba los números requeridos en el formato requerido. Si por el contrario, usted escribe texto, la base de datos lo va a rechazar porque espera números y no texto.

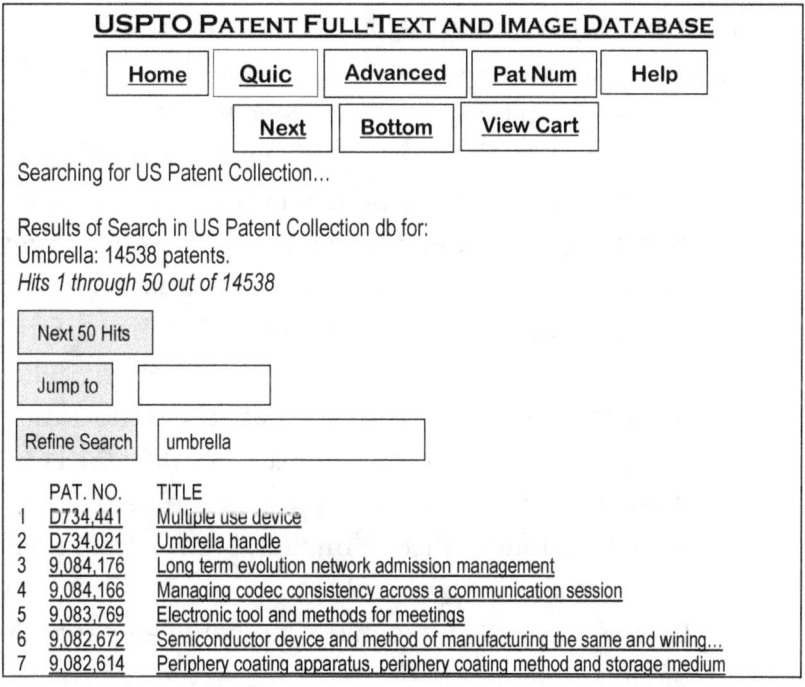

Figura 4-5: Ejemplo de la pantalla de los resultados de la búsqueda. Se proveen los enlaces para los números y títulos de las patentes.

13. Para mayores resultados, lo recomendable es no cambiar el "Field 1:" Déjelo en "All Fields." De esta manera, estaríamos buscando el término deseado en todas las secciones del documento de patente.

14. Siguiendo con nuestro ejemplo, vamos a buscar el término "umbrella" en todos los campos ("All Fields") y secciones dentro del documento.

15. Una vez haya realizado lo anterior, ahora estamos listos para someter nuestra búsqueda, haciendo "clic" en "Search."

16. Esta búsqueda nos produjo sobre 14,000 resultados (figura 4-5). Es decir, documentos de patentes. Lo más seguro es que a usted le aparezca en pantalla un número mayor, ya que todas las semanas la USPTO emite patentes. Los resultados están ordenados comenzando con las patentes emitidas más recientemente hacia atrás (las más viejas). Los resultados aparecerán de 50 en 50 por pantalla, y así sucesivamente. La primera columna de la lista de los resultados está reservada para los números de patentes, seguido por sus títulos.

17. En esta etapa, usted puede leer los títulos de las patentes uno por uno. Si le interesa alguno en particular, deberá hacer "clic," ya sea bajo el número de la patente o bajo su título, para traer en pantalla el texto del documento (figura 4-6). Leyendo el texto de la patente, sin los dibujos ni gráficas ni ilustraciones, usted podrá determinar si desea escudriñar más a fondo esa patente. Para esto, deberá traer en pantalla la imagen del documento.

18. Si desea ver la imagen fotostática del documento de patente completo, según fuera emitido por la USPTO, con todos los dibujos, gráficas e ilustraciones, entonces deberá hacer "clic" en el lugar donde dice, "Images," en letras rojas, en la parte superior de la página web.

19. Una vez tenga la imagen de la patente en pantalla, en la primera página o página de título de la patente (figura 4-7), usted podrá informarse de todos los detalles bibliográficos de esa patente: número de patente, fecha de emisión, título completo de la patente, inventor o inventores, fecha de presentación de la solicitud, titularidad corporativa (en caso que el invento fue creado en las instalaciones de una entidad comercial), campos de investigación, números de clasificación internacional y

nacional, el nombre del examinador de la patente, el nombre del abogado o agente que gestionaron la patente, el extracto o resumen del invento, todos los dibujos e ilustraciones, las reivindicaciones, y finalmente, la narrativa con el historial y todos los demás detalles de la invención.

Figura 4-6: Documento de patente en el formato HTML sin los dibujos. Para ver la imagen del documento completo según fue emitido por la USPTO, deberá seleccionar el botón que dice "Images" en letras rojas arriba.

20. Si la patente resulta ser relevante a nuestro invento el paragua, debemos anotar en una hoja de papel los números de clasificación asignados. Lo mismo haremos con todas las patentes de particular relevancia a nuestro invento que encontremos. Luego, en los pasos subsiguientes, utilizaremos estos números para realizar búsquedas más certeras.

21. En nuestra búsqueda, uno de los resultados más interesantes que encontramos, por lo mucho que se asemeja a nuestro paragua, es la patente número US 9,016,296, titulada *Umbrella Structure*, con fecha del 28 de abril de 2015 (figura 4-7).

22. Esta patente presenta los números de clasificación A45B25/00 y A45B25/02, tanto en la clasificación internacional, como en la de EE.UU. Estos son números importantes que debemos anotar,

porque es dentro de esta clasificación donde se ubicaría nuestro invento. Por lo tanto, tenemos que escudriñar todo lo que aparece bajo esa clasificación para ver si nuestro invento ya ha sido patentado, y si lo está, para ver cómo lo podemos diferenciar de lo que ya existe y así mejorar nuestras posibilidades de patentabilidad.

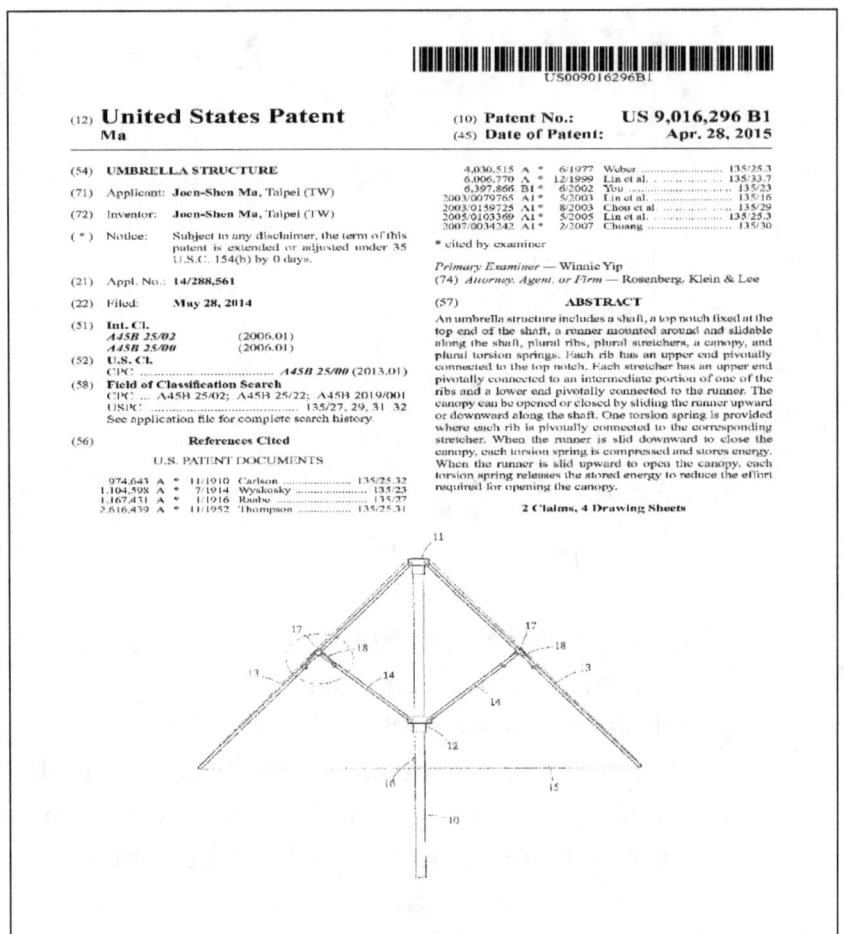

Figura 4-7: Uno de los resultados de la búsqueda: la imagen fotostática del documento completo de la patente número US9,016,296, sobre la estructura de un paragua.

23. Debemos seguir examinando otras patentes, producto de la búsqueda e investigación, como por ejemplo, las patentes número US 8,939,163, US 8,356,612, US 8,327,863, US 7,913,708,

solo por mencionar algunas. Encontramos que el número de clasificación que hemos identificado, se sigue repitiendo una y otra vez. Eso es una buena indicación, y de hecho confirma, que es el número idóneo para nuestro invento. Es, precisamente, lo que estamos buscando y bajo el cual estaremos haciendo las búsquedas en los pasos subsiguientes.

24. Además de las patentes identificadas arriba como pertinentes a nuestro invento, el paragua, el investigador deberá cotejar cada uno de los resultados de la lista de patentes obtenidas para explorar otros posibles números de clasificación.

Recapitulando este segundo paso, el propósito fue conseguir el número de clasificación al que pertenece nuestro invento: el paragua. Lo logramos utilizando los términos de la lista de términos que mejor describió nuestro invento, según lo elaboramos en el primer paso. Solo utilizamos el primer término ("umbrella") de nuestra lista para ilustrar el procedimiento. Este término fue sometido a la base de datos de patentes de la USPTO para buscar documentos de patentes relevantes a nuestro invento. La base de datos nos proveyó una lista de miles de patentes, que de una forma u otra, tienen relación con el paragua. De esa lista, escogimos algunos de los documentos, los más que se asemejaban a nuestro invento, para obtener de ellos los números de clasificación. Encontramos un par de números de clasificación que se repetían consistentemente. Esto nos confirmó que eran los números de clasificación que estábamos buscando, ya que eran pertinentes a nuestro invento. Con esta información en mano, pasamos entonces, a la etapa dos, paso tres, a continuación.

**Segunda etapa: Investigación de patentes por medio del número de clasificación**

**Paso 3:    Búsqueda de patentes por el número de clasificación**

En este tercer paso, el objetivo es conseguir documentos de patentes en la base de datos de la USPTO, utilizando los números de clasificación

A45B25/00 y A45B25/02, obtenidos en el paso anterior. De esta manera, debemos conseguir patentes relevantes a nuestro invento, el paragua, para estudiar y examinar posteriormente.

1. Proceda a repetir las primeras seis instrucciones del paso número dos arriba.

2. Deberá tener en la pantalla del computador la página que lleva por título, "USPTO Patent Full-Text and Image Database." Si ha realizado el ejercicio del paso dos, esta pantalla le va a ser muy familiar.

3. Donde dice, "Term1:," escriba el número de clasificación de nuestro invento, "A45B25/00".

4. A su derecha, seleccione el "Field 1:," haciendo un "clic" en la flecha hacia abajo donde dice, "All Fields." Le aparecerá una lista de opciones.

5. De la lista de opciones bajo "All Fields," seleccione, "Current CPC Classification." También puede seleccionar "International Classification." Ahora bien, lo que no debe hacer es seleccionar cualquiera de las otras opciones que contenga la palabra "classification." Limítese a las indicadas.

6. Una vez haya realizado lo anterior, ahora estamos listos para someter nuestra búsqueda, haciendo "clic" en "Search."

7. Esta búsqueda nos produjo más de 50 documentos de patentes bajo la opción "Current CPC Classification," y sobre 600, bajo la opción de "International Classification." Cada uno de estos resultados son muy relevantes a nuestro invento, el paragua. Recuerde, posiblemente usted ha obtenido mayores resultados.

8. Aquí usted puede leer los títulos de las patentes y podrá escoger todas aquellas que le interese, haciendo "clic," ya sea bajo el número de la patente o bajo su título para traer en pantalla el texto del documento.

9. Cuando tenga en pantalla el texto del documento, esto es, sin los dibujos, ni gráficas, ni ilustraciones, usted podrá leerlo y determinar si desea escudriñar más a fondo esa patente, como

todas las demás que le interese. Para estudiar más a fondo las patentes, deberá traer en pantalla las imágenes de los documentos originales.

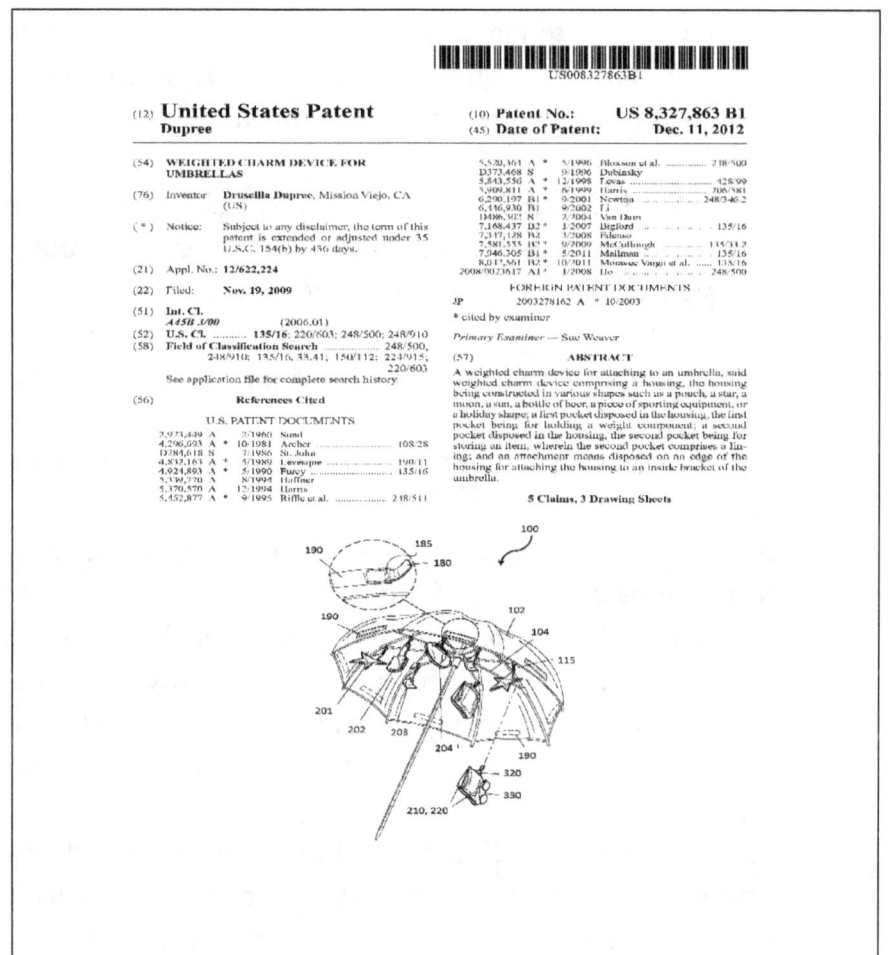

Figura 4-8: En el documento de patente encontramos los números de clasificación asignados a esa patente (Códigos INID 51, 52 y 58). Luego, utilizaremos esos números para hacer búsquedas más precisas de patentes como el ejemplo arriba.

10. La imagen del documento completo de patente es una copia fotostática de lo emitido por la USPTO, con todos los dibujos, gráficas e ilustraciones. Para accederlo, deberá hacer "clic" en la parte superior de la página, donde dice, "Images," en letras

rojas. Estas imágenes se encuentran en el formato PDF y para verlas en su computador, deberá tener instalado el lector PDF de la compañía Adobe ("Adobe PDF Reader"), según indicamos al principio.

11. Una vez tenga la imagen fotostática del documento de patente en pantalla, podrá estudiar y examinar con detenimiento todos los detalles y aspectos de la misma.

Aquí concluye el tercer paso de nuestra investigación de patentes. Buscamos y encontramos documentos de patentes en la base de datos de la USPTO, pertinentes a nuestro invento el paragua, a través del número de clasificación que obtuvimos en el paso número dos. Estamos ahora listos para proseguir con el paso número cuatro.

**Paso 4:   Evaluar, examinar y analizar los resultados de la búsqueda**

En este cuarto paso, vamos a estudiar, evaluar y analizar los documentos de patentes obtenidos como resultado de haber realizado el paso tres arriba. Pondremos especial atención a los aspectos técnicos según descritos en los documentos. El objetivo aquí es determinar si nuestra invención ya fue patentada y de ser así, establecer el grado de similitud que pudiera existir con los resultados obtenidos.

De la lista de documentos de patentes que logramos arriba, ahora es menester leer cada uno de ellos con detenimiento, para escoger los que son pertinentes a nuestra invención y descartar aquellos que no lo son. Para esto, es importante estudiar el extracto o resumen de la invención que aparece en la primera página del documento, así como los dibujos y la sección donde aparece la explicación de los dibujos—las especificaciones. Por último, debemos leer la sección de las reivindicaciones, ya que es aquí donde se establecen los alcances, parámetros y límites legales de la invención. Una vez terminado este proceso, entonces podemos concentrar toda nuestra atención en los documentos escogidos para estudiarlos más a fondo.

Los documentos escogidos por su pertinencia y relación directa con nuestra invención, los vamos a someter a un intenso análisis y evaluación. Conlleva escudriñar cada una de las secciones del documento de patente, y al mismo tiempo, ir comparando esa información con nuestro invento. Además de las secciones mencionadas en el párrafo anterior, particular atención debe dársele a la sección de las especificaciones para saber exactamente las interioridades del invento, su diseño, su tecnología, sus partes, sus mecanismos, la relación entre ellas, su funcionamiento, lo que hace, cómo lo hace, de qué está compuesto y cómo compara con el nuestro.

Otra sección del documento de patente que es fundamental leer y la cual no debe obviarse, es la de referencias citadas. Se trata de una lista de patentes de EE.UU., y de otros países, que se incluyen por tener relación directa con la tecnología del invento en cuestión y porque forman parte del estado de la técnica. Otra razón para incluirlas es por haber servido como fuente de ideas e inspiración para construir el invento. En otros casos se incluyen, porque se han tomado prestados elementos de esas otras patentes para producir el nuevo invento. Todas estas patentes deben ser estudiadas con detenimiento, así como también, los libros, los artículos de revistas y otras publicaciones o reseñas que pudieran aparecer en esta sección de referencias citadas.

Finalmente, el acto de estudiar, evaluar y analizar documentos de patentes, como parte de la investigación, es un excelente ejercicio de aprendizaje para cuando decidamos presentar una solicitud de patente ante la USPTO. Estaremos muy bien familiarizados con el contenido de la información que se pide en los formularios de solicitud.

Así concluimos la investigación preliminar de patentes. Como hemos visto, se trata de un proceso largo y tedioso, pero necesario. Hay que dedicarle tiempo y espacio. No se puede realizar en unos días como tampoco en unas semanas. Luego de haber realizado la misma, usted estará mejor informado en cuanto a las posibilidades de patentabilidad de su invento, por lo que podrá determinar si debe o no radicar la solicitud de patente.

Otro aspecto importante que se logra cuando uno realizar su propia investigación, es el estar en una mejor posición de discutir los resultados y hallazgos de su búsqueda con el abogado o agente de patentes. Esto se traduce en ahorros de tiempo y dinero, ya que lo primero que el abogado o agente le va a sugerir es hacer la investigación preliminar. Habiendo hecho esto de antemano, y suponiendo que usted ha determinado que su invento tiene buenas posibilidades de ser patentado, el abogado o agente puede proceder sin demoras a realizar el resto de las gestiones.

# Capítulo V

## Protección Internacional de Patentes

L A PROTECCIÓN QUE OFRECE una patente está limitada a la jurisdicción nacional del país que la concede y la ley nacional que regula esta actividad. No es extensiva a los demás países del mundo. Como todas las demás leyes, y no habiendo ley universal, las leyes son solamente aplicables dentro de las fronteras de los estados que las promulgan. Las leyes de patentes no son la excepción. Por eso no existe, ni puede existir, tal cosa como una patente internacional. Por lo menos, ese es el estado de derecho a la fecha de la publicación de este libro y no se prevén cambios en el futuro inmediato.

Ahora bien, a través de los años, conglomerados de naciones se han reunido en varias ocasiones para establecer convenios que simplifican la radicación de solicitudes de patentes en varios países simultáneamente. Lo que se trata aquí es de una solicitud de patente que puede presentarse a través de una de las oficinas de patente nacional, como la USPTO, para que ésta a su vez, la transmita a los demás países que el inventor interese patentar. Sin embargo, cada país se reserva el derecho de evaluar la solicitud en sus méritos, de acuerdo a sus leyes y reglamentos, antes de emitir el veredicto final de conceder o no la patente. Es probable que en algunos países se logre exitosamente el objetivo, mientras que en otros no.

Uno de estos convenios, y quizás el más importante a nivel internacional, por las muchas naciones que la componen, es el Tratado de Cooperación en Materia de Patentes ("Patent Cooperation Treaty—PCT"). Es un tratado internacional administrado por la Organización Mundial de la Propiedad Intelectual (OMPI). La OMPI es un organismo de las Naciones Unidas con sede en Ginebra, Suiza. Al presente, el tratado ha sido suscrito por alrededor de 148 países. Simplifica el procedimiento para la presentación de una solicitud internacional de patente para aquellas personas que desean obtener protección en los países miembros. Dicho lo anterior, es importante recalcar que el tratado es solo un sistema para la presentación de solicitudes de patentes y no un sistema para expedir patentes. La concesión de patentes continúa siendo tarea y responsabilidad exclusiva de las oficinas de patentes de los países donde se solicita la protección.

Además de simplificar el proceso de presentación de una solicitud internacional de patente, otro objetivo que persigue el PCT es el hacer de este procedimiento uno más ágil, eficiente y económico para el solicitante. Se evita de esta manera, el tener que presentar una solicitud individualmente en cada uno de los países donde se desea protección y pagar los altos costos que las oficinas nacionales de patentes requieren por separado. Economías adicionales se logran al no tener que contratar los servicios de abogados de patentes en cada uno de los países de interés, aunque siempre es bueno contar con esos servicios.

En términos generales, el procedimiento del PCT consta de dos fases o etapas principales: la internacional y la nacional.

## La fase internacional

1. **Presentación.** El solicitante presenta una solicitud internacional de patente ante una de las oficinas de patentes miembro del PCT, en el idioma local, y paga la tasa en vigor por esos servicios.

2. **Búsqueda internacional.** La oficina local de patente realiza una búsqueda internacional de alta calidad para auscultar el estado de la técnica. La búsqueda se hace en documentos de patentes

pertinentes al invento del solicitante, así como también, en la literatura científica que puede incluir libros y artículos de revistas. Una vez concluida la búsqueda, se prepara un informe internacional sobre los hallazgos.

3. **Informe internacional.** El informe internacional consiste de una lista de referencias de documentos de patentes ya publicados y de artículos técnicos de revistas que pudieran afectar la patentabilidad de la invención, en términos de su novedad y nivel inventivo. Luego de un análisis minucioso de los hallazgos, el informe internacional emite una opinión escrita sobre las posibilidades de patentabilidad que tiene la invención. Una copia de este informe es enviado al solicitante para que pueda evaluar las posibilidades que tiene de obtener una patente en los países miembros del PCT. Si el informe es favorable, las probabilidades de conseguir la patente son buenas y podrá proseguir con pasos más firmes en la consecución de su objetivo. De ser desfavorable, el solicitante entonces pudiera estudiar dos opciones a seguir. En primer lugar, retirar la solicitud inmediatamente para no seguir invirtiendo en un proyecto abocado al fracaso. En segundo lugar, modificar las propiedades de su invención, según aparecen en la solicitud internacional, para distinguirlo más adecuadamente de la técnica existente. De esta manera, mejora las posibilidades de patentabilidad de su invento.

4. **Publicación internacional.** Luego de 18 meses de la fecha de presentación de la solicitud internacional, la OMPI publica electrónicamente en su sitio web, tanto el contenido de la solicitud internacional, como el informe internacional de patentabilidad. En adición, ambos documentos son también enviados al solicitante para su información y acción correspondiente. De igual forma, las oficinas de patentes de los países contratantes del PCT reciben automáticamente una copia de toda la documentación publicada.

5. **Examen preliminar internacional.** Opcionalmente, el solicitante puede pedir una nueva evaluación de patentabilidad sobre su

invención. Esta se conoce como el examen preliminar internacional. Generalmente, los solicitantes piden una segunda evaluación cuando las propiedades de la invención descritas en la solicitud original han sido modificadas o alteradas de alguna forma, como resultado de los hallazgos del informe internacional. Por ejemplo, cuando la opinión emitida en el informe internacional es desfavorable, el invento no es patentable. Pero, asumiendo que el solicitante tiene interés en seguir hacia adelante, deberá realizar cambios a su invento, así como en la documentación, para corregir los señalamientos del informe internacional. De esta forma, su invento se distinguirá mejor del estado de la técnica existente, y por ende, aumentará sus probabilidades de patentabilidad. Como se trata de una invención modificada, distinta a la original, una segunda evaluación—el examen preliminar internacional—es mandatorio. El solicitante tiene además el derecho de entrevistarse personalmente con el examinador, si así lo desea. En definidas cuentas, esta etapa le ofrece al solicitante una última oportunidad para hacer los arreglos que necesita realizar, antes de entrar a la fase nacional, donde no hay segundas oportunidades.

6. **Documentación internacional final**. Copias de los resultados del examen preliminar internacional, conjuntamente con la solicitud internacional, modificada o no, se envían a los solicitantes, a la OMPI y a cada una de las oficinas de patentes donde el solicitante indicó interés en obtener protección. Aquí termina la fase internacional, para dar paso a la fase nacional.

## La fase nacional

En la fase nacional, las oficinas de patentes de los países designados por el solicitante reciben la documentación internacional final, el examen preliminar internacional y la solicitud internacional. Asumiendo que el solicitante haya decidido seguir hacia adelante con la tramitación de su solicitud, las oficinas nacionales de patentes proceden a evaluar, en sus méritos, la documentación sometida. Esta evaluación tiene peso en cuanto a la determinación de patentabilidad se refiere, más no lo suficiente.

De la documentación cumplir con las leyes y la reglamentación local vigente, así como con los diferentes requisitos nacionales establecidos, y luego de pagar los cargos correspondientes, cada oficina de patente, individual e independientemente, determinará si finalmente concederá la patente. La decisión final de conceder la patente resta única y exclusivamente en las oficinas nacionales y no en la oficina de patente receptora donde se radicó la solicitud inicialmente. Los estados contratantes siempre ejercerán este control. En cierto grado, es una manera de reafirmar sus soberanías.

Es por eso que decimos que no hay tal cosa como una patente internacional. Aun cuando se tramite la solicitud a través de los países miembros del PCT, las oficinas nacionales de los países donde se interesa protección, tienen la última palabra. La oficina receptora donde se radicó la solicitud, actúa solamente como vehículo de trámite.

## Las personas que tienen derecho a radicar una solicitud internacional

Todo ciudadano nacional o residente de un país contratante del PCT, puede presentar una solicitud internacional de patente ante la oficina local de patentes, la cual actuaría como oficina receptora. También, lo puede hacer directamente en la OMPI, la USPTO o la Oficina de Patentes Europea. En el caso en que existan varios coinventores, con solamente uno de los inventores ser un nacional o residente de un país contratante del PCT, se cumple con este requisito.

## Presentación electrónica de una solicitud internacional de patente

Las solicitudes internacionales de patentes se pueden presentar electrónicamente en las oficinas de patentes miembros del PCT, siempre y cuando, exista la infraestructura apropiada para hacerlo. No todas las oficinas de patentes están preparadas para una presentación electrónica, en cuyo caso, hay que hacerlo de la forma tradicional, en papel, a través del correo regular.

## Los efectos de una solicitud internacional de patente

A partir de la fecha de la presentación internacional, la solicitud internacional de patente produce los efectos de una solicitud nacional en todos los países contratantes del PCT. La solicitud debe prepararse de acuerdo a los requisitos establecidos en el convenio, los cuales son automáticamente aceptables en las diferentes oficinas de patentes miembros del PCT.

## El costo de una solicitud internacional de patente

La presentación de una solicitud internacional de patente a través del PCT es más económica, en términos de los costos envueltos, que radicar una solicitud por separado en cada una de las oficinas de patentes de los países donde se desea protección. En la fase internacional, se paga una sola tasa, pagadero en una sola moneda y en una sola oficina, la cual actúa como oficina receptora. La moneda es la que impera en el país de la oficina de patentes donde se radica la solicitud internacional.

A continuación, presentamos una relación de los costos envueltos en una solicitud internacional. Advertimos, los cargos que se citan son tomados del portal cibernético de la OMPI en www.wipo.int/pct, con fecha de efectividad de marzo de 2012. Son estimados generales para darle al lector una idea de lo que pudieran ser. No incluye los costos de la fase nacional. El lector debe saber que estos cargos incrementan con el pasar del tiempo. Para un estimado más actualizado y certero, recomendamos se consulte la OMPI o la oficina local de patentes.

- La tarifa o tasa de presentación internacional puede ser de aproximadamente USD$1,450.
- La tarifa o tasa de búsqueda internacional puede variar, desde los USD$410 a USD$2,400.
- Y, una pequeña tarifa o tasa de transmisión, a ser determinada por la oficina local de patentes, la receptora.

En lo que respecta a la fase nacional, las tasas varían grandemente de oficina en oficina. Los costos aquí pudieran incluir traducciones de la solicitud internacional, la presentación de la solicitud y los honorarios de los abogados locales de patentes que se hayan reclutado. También, el solicitante debe tener en cuenta que en el caso que se conceda la patente, habrá que pagar los cargos de mantenimiento en cada país para poder mantener su patente al día. De no cumplir con los cargos de mantenimiento, se arriesga a perder los derechos de su patente, así como su titularidad. Nuevamente recordamos, que siempre es bueno consultar directamente con su oficina local de patentes para recibir los detalles de todas estas transacciones, condiciones y situaciones.

## Condiciones bajo las cuales se pueden obtener reducciones en los costos de una solicitud internacional

Se pueden obtener reducciones en las tasas del PCT a los solicitantes que radican sus solicitudes internacionales de forma electrónica. Esto es, si la oficina local de patentes tiene la infraestructura para hacerlo. De lo contrario, tendrá que hacerlo a través del procedimiento regular, llenando a mano los formularios correspondientes.

Otra forma de reducir las tarifas establecidas es si el solicitante, que debe ser persona natural o residente de un país miembro del PCT, tiene ingresos mensuales de menos de USD$3,000. En este caso, la reducción a la que tiene derecho puede ser de hasta un 90% de la tasa regular.

Y, una tercera condición para cualificar para una reducción de hasta el 90%, es si el país del solicitante, que puede ser un nacional o un residente, está clasificado por las Naciones Unidas como país menos desarrollado. De existir varios solicitantes en una misma solicitud, cada uno de ellos deberá satisfacer estos criterios para cualificar para esta reducción.

## El tiempo que toma el procedimiento de patentar bajo el PCT

Los procedimientos de la fase internacional generalmente toman de 18 a 30 meses desde la fecha de presentación de la solicitud internacional. Luego, comienzan los procedimientos de la fase nacional en las oficinas nacionales de patentes de los países donde se ha solicitado protección. Previo a la fase nacional, el inventor podrá utilizar este tiempo para mejorar su invento, cumplimentar requerimientos que eventualmente necesitarán las oficinas nacionales, revaluar la patentabilidad de su invención, e inclusive, podría probar comercialmente su invento en los mercados de los países en los que interesa protección, para así auscultar su potencial comercial.

Sin embargo, es importante señalar que el solicitante no necesariamente tiene que esperar hasta la expiración de los 30 meses del periodo internacional para iniciar la fase nacional del procedimiento. Lo puede hacer antes, mediante solicitud a tales efectos, para adelantar su entrada a la fase nacional. Esto conlleva cargos adicionales.

Ahora bien, una vez se entra en la fase nacional, ahí no podemos decir con certeza el tiempo que le tomará a las oficinas nacionales determinar si conceden la patente o no. Este tiempo varía de oficina en oficina. Depende de muchos factores, como el volumen de solicitudes de patentes que reciben, el número de solicitudes en proceso, las solicitudes pendientes de evaluación, el número de examinadores de patentes disponibles para atender la demanda, la complejidad de la invención, entre otros factores.

## El idioma en que se puede presentar la solicitud internacional

Generalmente, la solicitud internacional se presenta en el idioma nacional del país donde se encuentra la oficina local de patentes que recibe la solicitud. También, lo puede hacer en cualquier idioma que acepte la oficina receptora.

Los principales idiomas aceptables para el PCT son el inglés, el español, el francés, el alemán, el danés, el holandés, el noruego, el sueco, el finlandés, el japonés y el ruso. Esta lista puede ser extendida a otros idiomas en el futuro. Si el solicitante presenta su solicitud internacional en un idioma no aceptable para el PCT, entonces estará obligado a presentar una traducción oficial de su solicitud. Si desea presentar su solicitud en la USPTO, la misma deberá ser en el idioma inglés.

## Ventajas del PCT

Las ventajas del PCT son varias y beneficia tanto a los solicitantes, como a las oficinas nacionales de patentes miembros del PCT:

- Los solicitantes tienen un medio central, ágil, eficaz y económico de tramitar una solicitud de patente para obtener protección en diferentes países sin tener que solicitar individualmente en las oficinas nacionales de esos países.
- Los solicitantes tienen hasta 18 meses para decidir si quieren solicitar protección en otros países, contratar abogados de patentes en cada uno de los países de interés, buscar quién le haga las traducciones, en caso que sea necesario, y abonar por adelantado a las tasas de la fase nacional.
- Los solicitantes se aseguran que sus solicitudes internacionales se hagan en conformidad con los postulados del PCT, por lo que no podrán ser rechazadas por ninguna de las oficinas nacionales de patentes miembros del PCT, cuando se entra a la fase nacional.
- Los solicitantes pueden evaluar las posibilidades de patentabilidad de su invención, a la luz del informe de búsqueda internacional y la opinión que este informe emite.
- Los solicitantes tienen la oportunidad de modificar la solicitud internacional, antes y durante el proceso de examen preliminar internacional para incrementar sus posibilidades de patentabilidad en la fase nacional. Esto es particularmente importante en los casos en que

el informe de búsqueda internacional haya emitido una opinión desfavorable sobre las posibilidades de obtener una patente.

- El proceso de evaluación que ocurre en las oficinas nacionales de patentes, para determinar si se concede la patente, se puede reducir dramáticamente o hasta eliminarse por completo. Esto, como resultado del informe de búsqueda internacional y la opinión de patentabilidad que acompaña la solicitud internacional cuando llega a la fase nacional. A esta documentación se pudiera añadir, además, el informe de examen preliminar, de existir uno.

- La publicación internacional de la solicitud, conjuntamente con el informe de búsqueda internacional que se divulga al mundo, puede servirle a los solicitantes como un medio eficaz y económico para promover su invención. De esta manera, se pueden conseguir personas o entidades interesadas en financiar o mercadear comercialmente su invento, si usted no tiene los recursos para hacerlo.

## Resumen del capítulo

Aunque todavía no es posible obtener protección internacional de patentes con el simple hecho de presentar una solicitud en una de las oficinas nacionales, existe la alternativa del PCT. El PCT sirve como vehículo de trámite para simplificar el procedimiento de solicitar protección en otros países. Recordemos, sin embargo, que se trata de un sistema internacional para la presentación de solicitudes de patentes y no un sistema para expedir patentes. La determinación final de conceder patentes sigue siendo potestad, competencia y prerrogativa exclusiva de las oficinas nacionales de los países donde se desea la protección.

# REFERENCIAS

Carley, M., Hegde, D. & Marco, A. C. (10 enero 2014). What is the probability of receiving a US Patent? *USPTO Economics Working Paper No. 2013-2*. Recuperado del Social Science Research Network: http://ssrn.com/abstract=2367149.

European Patent Office & Office for Harmonization in the Internal Market. (2013). *Intellectual property rights intensive industries: Contribution to economic performance and employment in the European Union*. Industry-level Analysis Report. Munich: EPO & OHIM.

Global Intellectual Property Center. (2015). *Why is IP important?* Washington, DC: U.S. Chamber of Commerce. Recuperado de http://www.theglobalipcenter.com/resources/why-is-ip-important/.

Lee, T. B. (15 octubre 2014). The patent office is rejecting a lot more software patents. *Vox Media*. Recuperado de http://www.vox.com/2014/10/11/6958701/the-patent-office-is-rejecting-a-lot-more-business-method-patents.

Lohr, S. (20 septiembre 2009). Patent auctions offer protections to inventors. *The New York Times*, pp. B-1 (New York Edition).

Organización para la Cooperación y el Desarrollo Económico. (2009). *Manual de estadísticas de patentes de la OCDE*. Madrid: Oficina Española de Patentes y Marcas.

Ozluturk, F., Kimmelblatt, B. & Patel, A. (2013). *Patents simplified; Entrepreneur's guide to U.S. patents and patent applications*. New York: IdeaMill IP.

Pressman, D. & Stim, R. (2012). *Nolo's patents for beginners*. (7a. ed.). Berkeley, CA: Nolo Press.

Pressman, D. (2014). *Patent it yourself*. (12a. ed.). Berkeley, CA: Nolo Press.

Regalado, A. (2013). Google's growing patent stockpile. *MIT Technology Review*. Recuperado de http://technologyreview.com/news/521946/googles-growing-patent-stockpile/.

United States. (2013). 37 *Code of Federal Regulations*. Chapter I. Recuperado de http://www.uspto.gov/patents/law/index.jsp.

United States. (2012). *United States Code*, Title 35 (Patent Law of the United States). Recuperado de http://www.uspto.gov/patents/law/index.jsp.

United States Patent and Trademark Office. (2015). *A guide to filing a utility patent application*. Alexandria, VA: U.S. Government Printing Office.

United States Patent and Trademark Office. (2015). *Basic facts about trademarks*. Alexandria, VA: U.S. Government Printing Office.

United States Patent and Trademark Office. (2015). *General information concerning patents*. Alexandria, VA: U.S. Government Printing Office.

United States Patent and Trademark Office. (2012). *Intellectual property and the U.S. economy: Industries in focus*. Washington, DC: U.S. Department of Commerce.

United States Patent and Trademark Office. (2015). *Protecting your trademark; Enhancing your rights through federal registration*. Alexandria, VA: U.S. Government Printing Office.

United States Patent and Trademark Office. (2011). *Provisional application for patent*. Alexandria, VA: USPTO Public Information Services.

United States Patent and Trademark Office. (2015). *7-Step U.S. patent search strategy guide*. Alexandria, VA: Patent and Trademark Resource Center Program.

Watson, B. (4 julio 2010). Shhh: 10 make-or-break trade secrets. *Daily Finance*. Recuperado de http://www.dailyfinance.com/2010/07/04/trade-secrets/.

Wherry, T. L. (2008). *Intellectual property; Everything the digital-age librarian needs to know*. Chicago: American Library Association.

World Intellectual Property Organization. (2013). *Guía de la OMPI para la utilización de información de patentes*. Recuperado de http://www.wipo.int/ patentscope.

World Intellectual Property Organization. (2012). *Protecting your inventions abroad: Frequently asked questions about the Patent Cooperation Treaty (PCT)*. Geneva: WIPO.

# APÉNDICES

## Apéndice A: Preguntas y respuestas más frecuentes sobre patentes

Durante los años que hemos estado impartiendo información y orientación en el área de las patentes, hemos podido compilar muchas de las dudas e interrogantes que tienen las personas que nos han visitado en la oficina o nos han hecho llegar a través del teléfono o el correo electrónico. A continuación, presentamos contestaciones breves a las preguntas que más frecuentemente nos han hecho. En el texto del libro aparecen explicaciones más detalladas de cada uno de estos asuntos.

### ¿Qué es una patente?
Una patente es un documento oficial otorgado por el estado, confiriéndole derechos legales de exclusividad a un inventor, para que pueda beneficiarse económicamente de su invento por un periodo de tiempo determinado. El derecho de exclusividad concedido es para que otras personas no puedan usar, manufacturar, mercadear, vender o importar su invento al país.

### ¿Cuál es la vigencia o vida útil de una patente?
Las patentes se conceden por un tiempo definido que fluctúa entre 14 a 20 años, dependiendo del tipo de patente. En el caso de los modelos de utilidad y de plantas, su vigencia es de 20 años, mientras que para los modelos de diseño, es de solo 14 años. Luego que caduca el periodo de vigencia, los titulares pierden todos los derechos que le confiere la ley y las patentes pasan a formar parte del dominio público.

### ¿Se puede patentar una idea o un concepto?
No. Las ideas y los conceptos son abstractos y por lo tanto no cualifican para patentabilidad. Pero cuando las ideas y los conceptos se convierten en una cosa real, esto es, que se pueden tocar, ver, sentir, entonces sí pudieran cualificar para una patente, de cumplir con otros requisitos.

*¿Cuáles son los requisitos básicos para que un producto o invento pueda ser patentable?*

Además del producto o invento estar plasmado en un medio tangible, este deberá ser algo nuevo, original, novedoso, innovador, funcional, útil, nunca antes visto o existido, que resuelva un problema o situación real, que sea comerciable, que haga algo y lo haga bien, y que no ocurra naturalmente en el ambiente.

*¿Qué cosas no cualifican para ser patentables?*

Además de las ideas y los conceptos, todos aquellos inventos o productos que no son nuevos, ni novedosos, ni originales, que han estado en uso público o a la venta por más de un año, que son variaciones obvias de inventos conocidos, que no son útiles ni funcionales, y todo aquello que ocurre naturalmente en el ambiente.

*¿Cuánto cuesta patentar un invento?*

No podemos precisar la cantidad. Existen muchos factores que inciden, incluyendo la negociación que se lleve a cabo con el abogado o agente de patentes. Estimamos, aproximadamente, desde cinco mil dólares (USD$5,000) en adelante.

*¿Controla la USPTO los costos u honorarios que cobran los abogados o agentes de patentes por sus servicios?*

No. Esto es un asunto de negociación entre usted y su abogado o agente de patentes en el cual la USPTO no toma, ni puede tomar, parte alguna. Para evitar malos entendimientos, antes de contratar un abogado o agente, usted debe preguntar por el estimado de los cargos y todos los detalles que esto pueda incluir, como por ejemplo, (1) investigación de patentes, (2) la preparación de los formularios de solicitud, (3) la radicación de la solicitud, (4) el procesamiento que conlleva, y (5) las gestiones para apelar la decisión que haya tomado la agencia, de ésta ser adversa, entre otras cosas.

*¿Es necesario reclutar los servicios de un abogado o agente de patentes para gestionar una patente?*

No. No es necesario, pero la USPTO lo recomienda por las implicaciones legales que todo el proceso de radicar una solicitud de patente conlleva.

*¿Puedo yo como inventor independiente radicar una solicitud de patente?*

Sí, lo puede hacer. Pero la USPTO siempre recomienda se contrate los servicios de un abogado o agente de patentes por las complejidades e implicaciones legales del proceso.

*¿Puedo registrar una patente?*

No, las patentes no son registrables. Las patentes son concedidas o denegadas por la USPTO luego de un extenso proceso de estudio, evaluación y análisis.

*¿Tiene Puerto Rico una oficina de patentes? ¿Puedo solicitar una patente en Puerto Rico?*

No. Ni Puerto Rico ni los estados de Estados Unidos pueden operar este tipo de oficina. Eso es estrictamente una función del gobierno federal de Estados Unidos.

*¿Tengo que fabricar un modelo o prototipo del invento al solicitar la patente?*

No. No es necesario, ni requerido, ni aconsejable que lo haga. Solo hay que completar los múltiples formularios que conlleva una presentación de solicitud de patentes y seguir las instrucciones al pie de la letra.

*¿Puedo confiar los detalles de mi invento en los abogados y agentes de patentes?*

Sí, lo puede hacer. Estos profesionales han hecho un juramento de ética ante la USPTO para proteger la confidencialidad de sus clientes y de los inventos que gestionan. Además, por ley, ellos no pueden solicitar patentes para ellos mismos ni sus familiares. De violar la ley, se exponen a multas, cárcel y la pérdida de sus certificaciones para ejercer sus oficios ante la USPTO.

*¿Puedo utilizar los servicios de cualquier abogado para que me ayude a gestionar una patente?*
No. Solo puede utilizar los servicios de abogados y agentes debidamente autorizados, registrados y certificados por la USPTO.

*¿Cómo y/o dónde puedo averiguar si un abogado o agente está debidamente certificado por la USPTO?*
Puede acceder el registro de los abogados y agentes autorizados en el portal electrónico de la USPTO: https://oedci.uspto.gov/OEDCI.

*¿Puedo confiar los detalles de mi invento a esas compañías que aparecen en la televisión ofreciéndose a patentar mi idea o invento?*
Debe ejercer mucho cuidado. Aunque algunas de esas compañías son legítimas, existen muchas otras que no lo son. La USPTO recomienda mucha prudencia antes de revelar su proyecto a estas compañías. Si tiene dudas, no lo haga. La USPTO ha publicado un folleto informativo titulado, **Contact the USPTO before you get burned!** el cual puede obtener una copia en línea en: http://www.uspto.gov/web/offices/com/iip/documents/scamprevent.pdf.

*¿Puedo comenzar a manufacturar, mercadear y vender mi invento luego de radicar la solicitud de patente, aunque no la haya recibido todavía?*
Sí, puede hacerlo. Pero recuerde que no podrá disfrutar de todas las garantías de protección que le provee la ley. Ésta solo se logra con la patente en manos. También, puede colocar en el producto o invento una nota que diga, **Patent Pending** o **Patent Applied For**, como advertencia.

*¿Una vez radique mi solicitud de patente, puedo estar seguro que la voy a recibir?*
No. Nadie en este mundo le puede asegurar que por el hecho de haber radicado una solicitud de patente, usted automáticamente vaya a recibir la patente. Las estadísticas de la USPTO indican que solo el 51% de las patentes que se solicitan, se otorgan. El restante 49% de las solicitudes son denegadas.

*¿Me devuelven el dinero invertido en solicitar una patente si ésta fuese denegada?*
No. No hay devolución alguna. Usted ha perdido la cantidad invertida.

*¿Qué diferencia hay entre las patentes que se mencionan en estas páginas y las patentes municipales?*
Son dos cosas diferentes. Las patentes descritas en estas páginas son aquellas que tienen que ver con inventos, productos, aparatos, enseres, herramientas, máquinas, procesos, compuestos químicos, programados de computadoras y cosas relacionadas. Las patentes municipales son permisos que otorgan las municipalidades gubernamentales para operar un negocio dentro de sus jurisdicciones, luego de pagar los cargos correspondientes.

*Si la USPTO me concede una patente, las protecciones que me confiere la ley, ¿son válidas en todos los países del mundo?*
No. La protección es solamente válida en la jurisdicción de Estados Unidos y sus territorios. Para recibir protección en otros países deberá radicar una solicitud en cada una de las oficinas de patentes de esos países por separado. También, puede presentar una solicitud internacional ante la oficina nacional de su país bajo el Tratado de Cooperación en Materia de Patentes (PCT), y pagar los cargos correspondientes.

*¿Puedo gestionar una patente internacional que cubra todos los países del mundo?*
No. Eso no es posible. No existe tal cosa como una patente internacional. Las patentes solo son válidas dentro de las fronteras de los países que las emiten. Sin embargo, bajo el PCT, varias oficinas de patentes pueden iniciar gestiones por usted para los países que usted desee recibir protección.

*¿Qué significan los términos "Patent Pending" y "Patent Applied for"?*
Estos términos son utilizados por los inventores, fabricantes y vendedores para informar al público que se ha radicado una solicitud de patente ante la USPTO para ese producto. La ley impone multas a aquellos que utilizan estos términos de forma fraudulenta para engañar al público.

*¿Es necesario visitar en persona la USPTO para atender asuntos relacionados con una solicitud de patente?*
No. Casi todos los trámites se conducen a través de correspondencia escrita, ya sea a través del correo regular o el correo electrónico. Ocasionalmente, se pueden hacer a través del teléfono. En los casos de alguna acción pendiente, se pueden hacer arreglos directamente con los examinadores de patentes para coordinar una entrevista, de ser necesario.

*¿Puedo perder mis derechos como dueño de una patente?*
Sí. Si usted no mantiene su patente al día con la USPTO, esto es, si no cumple con los cargos de mantenimiento correspondientes cuando éstos vencen cada tres años y medio, dentro del periodo de vigencia de su patente, puede perder todos sus derechos sobre dicha patente. En estos casos, la patente se pone a la venta y cualquier persona puede comprarla y usarla como desee por el resto de su vigencia.

*¿Puedo vender mi patente si personalmente no logro sacarle provecho a la misma?*
Sí. Las patentes son una propiedad como cualquier otra que usted posee. Puede venderla, rentarla, cederla, regalarla o hacer cualquier tipo de negociación con ella.

*¿Qué hacen la mayoría de los inventores con sus patentes?*
La gran mayoría de los inventores no hacen nada con sus patentes. Se estima que sólo alrededor del dos por ciento de las patentes que se emiten, llegan a explotarse económicamente o hacer ricos a sus titulares.

*¿Cuántas patentes emite anualmente la USPTO?*
De las aproximadamente 500,000 solicitudes de patentes que se radican anualmente en esa oficina, solo alrededor de 250,000, o sea el 50%, se conceden. El resto son denegadas por variedad de razones.

*¿Cuánto tiempo toma desde el momento en que solicito la patente hasta el momento en que la recibo, esto es, de ser aprobada?*

Hay muchísimos factores que inciden en el proceso y nadie puede precisar el tiempo propiamente. De todos modos, pueden pasar desde dos años hasta más de diez. En el caso de las patentes de diseño y de plantas, estas pudieran tomar alrededor de un año.

## Apéndice B: Recursos de ayuda para inventores (vigente a julio 2015)

En este apéndice hemos construido una lista selectiva de lugares en el Internet donde los inventores pueden acudir para recibir ayuda u orientación sobre sus inventos, los requisitos de patentabilidad, el proceso de radicar una solicitud de patente, el proceso de patentar, así como contestar cualquier preguntar o duda que se tenga. Algunos de estos recursos ofrecen ayuda en español.

Inventors Resources (USPTO): www.uspto.gov/inventors/index.jsp

Inventors Assistance Center (USPTO): www.uspto.gov/learning-and-resources/supportcenters/ inventors-assistance-center-iac

Defensor de los inventores (USPTO's Patent Ombudsman Program): www.uspto.gov/patents/ombudsman.jsp

*Inventors Eye Newsletter*: www.uspto.gov/learning-and-resources/ inventors-eye-newsletter

*Inventors Digest; The magazine for idea people*: ww.inventorsdigest.com/

National Inventor Fraud Center: www.inventorfraud.com/

Scam Prevention: www.inventorfraud.com/pto.pdf

Invention Promotion Firms (U.S. Federal Trade Commission's website): www.ftc.gov/bcp/edu/pubs/consumer/products/pro21.shtm

*Lemelson-MIT Inventor's Handbook*: http://web.mit.edu/invent/hmain.html

Small Business Administration website: ww.sba.gov/content/patents-trademarks-copyright

Asociación de inventores de su país. En cada país existe una.

La oficina de patentes de su país. En cada país existe una.

## Apéndice C: Enlaces a bases de datos de patentes con acceso gratuito (vigente a julio 2015)

Los enlaces cibernéticos que aparecen a continuación son una lista selectiva que provee acceso gratuito a las bases de datos de patentes. Estos son lugares confiables donde los interesados pueden llevar a cabo sus búsquedas e investigaciones de patentes.

www.uspto.gov/patents          www.delphion.com
www.espacenet.com/             www.patents.com
www.freepatentsonline.com      www.priorsmart.com
www.epo.org                    www.patentgenius.com
www.wipo.int/patentscope       www.pat2pdf.org
www.google.com/patents         www.patentlens.net

## Apéndice D: Enlace para buscar abogados y agentes de patentes certificados por la USPTO (vigente a julio 2015)

La USPTO mantiene en su portal cibernético el directorio de abogados y agentes de patentes autorizados para realizar gestiones a nombre de y en representación de sus clientes inventores. Antes de reclutar los servicios de un abogado o agente de patentes, cerciórese de consultar este directorio. Aquellos profesionales que no aparecen en el directorio, no están autorizados a realizar gestiones por usted ante la USPTO.

El enlace: https://oedci.uspto.gov/OEDCI/

## Apéndice E: Buscando patentes para comprar, alquilar o usar con permiso y/o libre de costos

Las personas interesadas en comprar, alquilar o licenciar los derechos de una patente, bien sea porque no tienen una invención y necesitan una para sus negocios o sus proyectos de negocios o por las razones que sean, existen varias vías para lograr ese objetivo. A continuación, algunas de las alternativas que pudieran utilizar:

- *The Official Gazette for Patents* (la gaceta oficial para patentes de la USTPO). Esta es una publicación semanal disponible gratuitamente de forma electrónica en http://www.uspto.gov/learning-and-resources/official-gazette/officialgazette-patents. Sale todos los martes y provee acceso a los últimos 52 números correspondientes a las últimas 52 semanas de la publicación. Aquí usted podrá relacionarse con las patentes que han sido emitidas esa semana, así como la información de contacto de sus dueños o titulares, tipos de inventos, tecnologías a las que pertenecen, y otros. También encontrará patentes que no han pagado la cuota de mantenimiento y la USPTO ha revocado los derechos de esos dueños sobre sus patentes. Encontrará, además, información sobre las patentes que sus dueños han abandonado voluntariamente por haber perdido interés en las mismas. La publicación ofrece mucha otra información que pudiera ser de interés para usted, por lo que le invito a examinarla. En todo caso, con la información de contacto que se provee, usted podrá contactar directamente al dueño o titular para ver si desea vender sus derechos, alquilar, licenciar la patente o autorizar el permiso de uso del invento que le interese. Los términos y las condiciones siempre son negociables. Si usted no quiere hacer estas gestiones personalmente, puede reclutar los servicios de un abogado, preferiblemente, uno que está certificado por la USPTO.

- **Subastas de patentes.** En el Internet, al igual que en varias localidades a través de EE.UU., y posiblemente en su país de origen, existen un sinnúmero de compañías que se dedican a realizar subastas de patentes. También puede comunicarse con abogados de patentes quienes le pudieran orientar y hasta recomendarle algunos nombres. Muchos dueños de patentes, una vez han adquirido sus patentes, se ven imposibilitados de comercializar su invento por lo que recurren a estas casas o compañías para poner en subasta sus patentes (Lohr, 2009). Es una manera rápida para ellos sacarle algún beneficio económico a sus patentes y una forma para el comprador adquirir patentes a bajo costo. Cuando contacte a una de estas compañías, usted debe tener claro qué tipo de invento o tecnología le interesaría obtener, así como el proceso de subasta y los costos asociados.

- **Corredor de patentes.** Estos son personas, en su mayoría profesionales, dedicados a brindar este servicio. Sirven de intermediarios entre los dueños de patentes que quieren vender o alquilar o licenciar sus derechos de patentes y los interesados en adquirir, alquilar o licenciar inventos patentados. De nuevo, en el Internet puede conseguir los nombres y la información de contacto de estos corredores, muchos de los cuales son abogados o firmas de abogados en la práctica de la propiedad intelectual.

- **Abogados y agentes de patentes.** Los abogados y agentes de patentes son una fuente importante de información que usted puede consultar, de estar interesado en adquirir derechos de patentes. Ellos le pueden orientar en todas y cada una de las alternativas que existen—algunas mencionadas aquí—para que usted pueda adquirir la patente deseada. No solo eso, sino que también, ellos pueden realizar esas gestiones por usted, bajo contrato.

- **Los clasificados de periódicos.** En la sección de clasificados de algunos periódicos y/o revistas de EE.UU. se anuncian inventores y titulares de patentes que quieren vender, alquilar o rentar patentes, así como compañías dedicadas a tramitar patentes. Uno de éstos periódicos es, *The Wall Street Journal.*

- **Asociaciones de inventores locales.** Las asociaciones de inventores locales es otra fuente excelente de información disponible.

- **American Intellectual Property Law Association (AIPLA).** Los abogados miembros de esta asociación representan, en su práctica diaria, muchos propietarios de patentes y por lo tanto, tienen conocimiento de aquellos inventores que quieren vender, alquilar o licenciar sus patentes.

## Apéndice F: Centros de recursos de patentes de la USPTO para hispanohablantes

La USPTO mantiene una red de 85 centros de recursos de patentes a través de Estados Unidos y Puerto Rico con el propósito de proveer información, orientación y literatura sobre patentes. Los centros de Puerto Rico son los únicos que ofrecen estos servicios en español a todo el que lo solicite, de cualquier parte del mundo.

Universidad de Puerto Rico en Mayagüez
Biblioteca General
Tel. 787-832-4040 Ext. 2307
Fax. 787-265-5483
Sitio Web: www.uprm.edu/library/servicios/patentes/index.html

Universidad de Puerto Rico en Bayamón
Centro de Recursos para el Aprendizaje
Tel. 787-993-0000 Exts. 3244 / 3245
Fax. 787-993-8914
Sitio Web: www.uprb.edu/es/academico/cra/patentesCN.html

## Apéndice G: Enlaces para explorar financiamiento para comercializar su patente y/o su negocio (vigente a julio 2015)

A continuación se provee una lista selectiva de sitios en el Internet para explorar la posibilidad de recibir financiamiento, ya sea para la comercialización de su patente, o para el establecimiento y desarrollo de un negocio o empresa. Si busca en el Internet bajo el término, **"crowdfunding,"** encontrará cientos de lugares adicionales. Esta información se provee como una alternativa más, sin ningún tipo de garantía o responsabilidad por parte del autor o la casa editora. Los requisitos de elegibilidad son variados, por lo que los interesados deberán estudiarlos con detenimiento, antes de tomar una decisión al respecto.

https://www.kickstarter.com/
https://www.indiegogo.com/
https://www.crowdfunder.com/
http://www.rockethub.com/
https://www.crowdrise.com/
http://www.appbackr.com/
https://angel.co
http://invested.in/

https://www.quirky.com/
http://www.gofundme.com/
https://www.razoo.com/
http://www.ulule.com/
http://gogetfunding.com/
http://www.fundable.com/
http://www.funderhut.com/
https://www.crowdsupply.com/

# Sobre el Autor

FRANKLYN IRIZARRY es bibliotecario de la propiedad intelectual y profesor de destrezas de información en la Universidad de Puerto Rico en Mayagüez. Posee una maestría en Bibliotecología de la Universidad de Puerto Rico y otra en Tecnología Educativa de New York University, donde también cursó estudios de doctorado en esa disciplina.

Por más de tres décadas ha impartido información, orientación y asesoramiento en el área de las patentes de invenciones a miles de personas en Puerto Rico, Estados Unidos y la América Latina. Goza la gran satisfacción de haber ayudado a muchas de estas personas a realizar sus sueños más anhelados.

En sus 48 años como bibliotecario y educador, ha ocupado posiciones de liderazgo y de distinción tanto en Puerto Rico como en Estados Unidos. Ha sido Coordinador del Centro de Recursos de Patentes y Marcas de Estados Unidos en la Universidad de Puerto Rico en Mayagüez; Director de la Biblioteca General del mismo recinto; Director del Centro de Recursos para el Aprendizaje en el Pennsylvania Institute of Technology; Director del Centro de Información y Biblioteca Corporativa de Bell Communications Research (Bellcore) en Nueva Jersey; Director Asociado del Hausman School of Computers en la Ciudad de Nueva York; Director de los Programas de Tecnología de Computadoras en la Escuela de Educación Continua y

Estudios Profesionales de New York University; "Graduate Research Associate" en la Escuela Graduada de Educación de New York University; Decano de Recursos Educativos en la Universidad Central de Bayamón (Puerto Rico); y Director fundador de la Biblioteca del Caribbean Junior College (hoy Caribbean University), también en Bayamón.

Fue en Bellcore, en el 1987, cuando el profesor Irizarry comenzó a investigar en el área de las patentes, descubriendo el mundo fascinante de las tecnologías del futuro. La hoy desaparecida Bellcore, fue en su tiempo uno de los centros de investigación y desarrollo más prestigiosos de Estados Unidos, produciendo cientos de patentes anualmente. Sus científicos e investigadores descubrieron varias de las tecnologías más impactantes del Siglo XX, que hoy la humanidad entera disfruta.